親子で出会えてよかったと思える療育をめざして

パーチェ20年のあゆみ

社会福祉法人
保健福祉の会 パーチェ 著

クリエイツかもがわ
CREATES KAMOGAWA

はじめに

パーチェは２００３年５月に開設された、主に発達障害の子どもたちが通う児童発達支援事業所です。一昨年で20周年を迎えることができました。この節目に、パーチェの３人の施設長さんを中心に「クリエイツかもがわ」の協力も得て完成したのがこの書籍です。企画当初は、だれに読んでもらうのか？　どんな内容にするのか？　など、まだあいまいなままでした。そんな中で、私たちが伝えたいことをともかく原稿にして出し合い、意見交換を重ねるうちに、少しずつ私たちが本書にかける思いは固まってきました。

その一つ目は就学前障害児療育の実践の中で私たちが大切にしてきた思いをまとめることです。パーチェの療育はあそびが中心です。言うまでもなくことばや数の習得、日常の生活習慣・動作などの技能の獲得は大切なことです。私たちは人とのつながりを通してそこにアプローチします。また、構造化や視覚支援など障害特性を考慮したアプローチは時にきわめて効果的です。しかし、私たちは表面にあらわれる行動の変容を直接の目的とは考えません。その背景にあるこころのあり方に注目します。こうした考え方の背景にはパーチェが大切にしてきた発達観、療育感があります。

私たちは、子どもたち一人ひとりが能動的に、人を含めた周りの環境に働きかけ、周りとの双方向的なやりとりを通じて発達していく、つまり発達の主体は子どもたちだととらえています。他者に対して不安の強い子どもたちにとって、このプロセスは容易ではありません。不安を感じないで過ごせる安心感のある環境が大切です。まず信頼できる第二者との間に安心感を育て、そのプロセスを経て少しずつ少人数の集団へ広がっていきます。その場面で大きな役割を果たすのがあそびだと考えてきました。

この文脈とのかかわりで、簡単に自己紹介をさせていただきたいと思います。私は1982年から京都民医連の病院・診療所で小児地域医療と障害児医療に携わってきました。当時勤務していた吉祥院病院にはたくさんの難治性てんかんの子どもたちや、それに加えて重度の脳性麻痺や知的障害を合わせもったいわゆる重症心身障害児の子どもたちが、治療と健康管理を求めて来院していました。ところが1990年代後半頃から障害児医療の様相は大きく変わり、発達障害と呼ばれる子どもたちの受診が急増しました。総じてこだわりが強い、コミュニケーションがとりづらい、かんしゃくを起こす、集団になじまないなどの共通点の一方で、お付き合いするほどに一人ひとり違う特徴をもつこの子たちをどうとらえればよいのか、はじめの頃はまったくの手探りでした。系統だった論文や書籍もあまり出回っていない時代です。発達障害の子どもたちに関する科学的進歩、とりわけ医療の分野は発展途上にありました。それでも子どもたち、家族の方は待ってくれません。数年間の試行錯誤を重ね、そしてチームメンバーである看護師、発達相談員、専門心理職との意見交換の積み重ねを経て、私たちが到達したのは次のようなものでした。この子たちは記憶、思考など認識の力に比して、周囲の人とつながる力、関係性の発達が弱い子どもなのだということです。認識の発達と関係性の発達の両者が重なり合って人格の主体として人は発達していきます。この子たちの示す一見特異な行動も関係性の弱さが原因している、助長しているものと考えられます。ですからこの子たちに必要なのは、検査から投薬へという古典的な医療モデルでもなければ、個別の「気になる症状」へのアプローチとも異なります。他者との間に関係性を育てていくこと、具体的には療育こそが重要であるという結論が見えてきました。

前にふれたように私たちの療育の主役はあそびです。あそびにはいろいろな定義があるようですが、本質は子どもが関心をもち、主体的に行う行為であるということではないでしょうか。関係性に弱さをもち不安の強いこの子たちですから、つながりをつくる過程は時間と辛抱を要するプロセスです。しかしこの子たちは変わります。関心をもったあそびを繰り返し、大人がそれに辛抱強く寄り添い、受け入れることを通じて、いつの間にか両者の間に、はじめは糸のように細いものかもしれませんが、つながりが生まれてきます。子どもたちの能動的なあそびを中心として、相手との間に安心できる関係性をつくり、それを第三者へと拡げていくこと、このプロセスをささえることが療育の果たす役割であると考えます。私たちが発達障害の子どもたちの診療を始めて数年後にパーチェが開設されました。長年にわたって障害児保育を経験された保育士二人から始まったパーチェは、あそびを中心に据えた療育を目指していました。私たちはパーチェに大きな期待を抱き、開設を心からよろこんだ次第です。第1章ではパーチェの療育におけるあそびの内容と意味についてのべています。

パーチェの療育の柱の一つは家族支援です。家族の子どもに対する思いはさまざまです。子どもの障害を受けとめられない家族も少なくありません。それぞれの家族に寄り添ったていねいな支えが必要です。その点からみると、障害受容を前提とし家族の責任で通所先を選択しなければならない現行の利用契約制度は明らかな矛盾を抱えています。障害を受容していく過程をていねいに支える制度の構築は極めて重要です。またインターネットを見れば、「○○できるようになります」的なうたい文句が氾濫しています。この風潮は障害とは克服すべきもの、なくすべきものという見方につながります。しかし、実際には子どもは親が期待するほどには簡単に変わっていきません。子どもの「できなさ」に日々直面し、否定的な感情のみが拡大していきます。私たちの家族支援の基本は、仮に人とのかかわりが苦手だったり、落ち着きがなかったり、集団に入れなかったりであったとしても、そのありのままの全体を受けとめませんかというメッセージです。「毎日が楽しくて安心を感じられる生活を送る中で、自分から主体的に周りにかかわる力が育ってくるのを待ちませんか、子どもの力を信じませんか、私たちがお手伝いしますから」というものです。

パーチェ創設時から20年間にわたりパーチェの療育を支えた前施設長は、私たちが直接かかわれるのはたかだか数年、しかし家族は一生を通じて子どもと共に生活し、支えていかなければならない、それだけに療育に通う数年間の家族へのかかわりは極めて重要だ、と述べています。私たちがかかわれる期間は極めて短期間に過ぎませんが、子どもの障害を受けとめ、前向きに取り組んでいける方向への歩みに少しでも役立つような家族支援を心がけてきました。第2章ではパーチェの療育と家族支援の実際について記述しています。また、コラムではパーチェに通園中のご家族、パーチェを卒園されたご家族から寄せられた子どもへの思いとパーチェの療育について書いています。

続いて本書を作るに至った目的の二つ目は、療育制度の歴史的変遷と現時点の到達が抱える問題点にあります。詳細は第3章で述べていますが、現在の障害児通園療育システムは２０１２年の児童福祉法改正で整理されました。利用契約制度の問題点についてはすでにふれたので繰り返しませんが、もう一点、営利企業の障害児療育分野への進出が法改正を機に拡大してきたことに注目したいと思います。第二次安倍政権は従来からの福祉分野への公的支出削減をさらに推し進めるのと並行して、福祉分野を企業の利益確保のフィールドに位置づけました。介護や保育の分野と同様、規制緩和と公的責任の後退です。その結果京都では２０１２年に9か所だった児童発達支援事業所が２０２４年には78か所へと急増しました。この間に増えた事業所の運営主体の過半数は株式会社立、しかも東京に本社がある事業所です。もちろん営利企業をひとまとめにして儲け主義と位置づけるのは正確ではないかもしれません。実際に地域に根差した地元企業によって奉仕の精神で運営されている事業所も多数存在します。しかし営利企業である限り利益を生み出すことは最優先事項であり、利益が出なければ事業は存続できませんし、利益を確保するために人件費など支出を削ることもやむを得ません。その結果、量的にも質的にも地域の療育に大きな影響を及ぼすということは押さえておく必要があります。

療育のあり方という点からも考えさせられることがあります。例えば多彩な教材を用いた「教育」を掲げ、目標とする課題ができるようになることを目的としている療育機関もあります。そして特性に応じた学び方、ソーシャルスキルの獲得などのキャッチフレーズが並びます。しかし考えてみたいことは、個別の能力や行動を変容することが大切なのか、それともその背景にある子どもたちの心のあり方、主体性や発達の原動力が育っていくことが大切なのかということです。私たちは、この時期の療育に求められることは、子どもたちのつながりを広げ人への安心感を培うこと、そして家族に対しては障害を受けとめていくことの支援にあると考えます。その視点からは少し違和感をもたざるを得ない「療育観」のように思われて仕方がありません。

こうした流れにおいうちをかけるように、京都市では２０２３年7月から「京都方式」が廃止されました。「京都方式」は療育の必要な子どもたちを、子どもと家族の状況に応じて適切であると判断される事業所につなぐ責任を行政が果たしてきたシステムです。この制度がなくなった現在、障害のことも療育のことも十分に知らされない状況で不安と迷いの中にいる保護者たちは、まったくの自己責任で療育先を選択しなければなりません。どの療育機関がわが子にとって最適なのか？誰に相談すればいいのか？　十分な情報が与えられない中で焦燥の日が続きます。この分野に詳しい小児科の主治医や相談員がいて相談に乗ってくれる、あるいは相談支援機関が適切に機能している自治体に居住している、など置かれている状況によって家族の感じる思いもさまざまかもしれませんが、子どもたちを適切な療育につなぐうえで相談支援機関の充実など行政の果たす役割を改めて問い直す必要があるのではないでしょうか。またこれと並行して療育機関側も、地域の中で子どもたちに療育を保障するという立場に立って、一施設と家族という関係を超えて連携を深めることがこれまで以上に求められてくると思います。ここで紹介した私たちの療育実践が交流の端緒となれば喜ばしい限りです。

以上が、この書籍を作るに至った私たちの思いです。つたない実践ではありますが、本書の内容を題材の一つとして、読者のみなさんと一緒に療育のあり方について考えていくことができれば望外の幸いです。

社会福祉法人保健福祉の会　尾崎　望

第1章

＊本文中に登場する子どもの名前は仮名です。

パーチェの療育

目指していること

1）発達の心配があったり、障害が疑われる子どもたち、障害が発見された子どもたちにとって、成長や発達を促す場として療育が保障されることを目指します。

2）子どもを育てている保護者が、一人で悩むことがないよう育児のどんな悩みでも出せる場になること、そして「楽しい子育て」を共有できることを目指します。

3）子どもたちは仲間のなかでの育ちあいを大切にします。親とスタッフは子どもたちから学び、スタッフは親の子育てから学び、共に育ちあう場になることを目指します。

4）スタッフは子どもの発達を促す療育の実践を発展させることを目指します。

5）医療、福祉、保育、教育などの関係諸機関と連携をとり、子どもや家庭が安心して暮らせる地域づくりを目指します。

療育目標

❶ みんなと思いっきり遊ぶなかで、興味や関心を広げ「もっとやりたい」「もっと知りたい」という願いを豊かにします。

❷ 自分の思いや、要求をもち、自分なりの表現方法で人に伝える力を育てます。

❸ 人への信頼感を育て、人と関わる気持ちを豊かに育てます。

❹ 自分が大好きと思える気持ちや、自信をもてる子どもを育てます。

保護者の方へ

❶ 子どもとの遊びを通して、親子で遊ぶ楽しさを体験します。

❷ 子どもとの遊びや学習などを通して、子どもの理解を深めます。

❸ 子育ての悩みを話し合い、保護者同士の交流を深めます

療育内容

《対象児》　児童発達支援…６歳までの子ども
※生活年齢・発達状況に応じてグループに分かれます。

《定　員》　1日10人

《開設日》　日曜日・祝日を除く

《開所時間》　9：00～17：00

- 子どもや家庭の状況、グループの構成によって、通所時間・回数が異なります。
- 6歳までについては親子療育を基本としています。必要に応じて親子分かれての療育も行います。
- 保護者のための学習会も行います。
- 個別の相談、個別の療育も行います。（1人60分）

	月	火	水	木	金	土
午前 9：30～11：30	1歳児～年中　子ども6～7人グループ（職員4～5人）					主に就労等の関係で、平日通えない子ども
午後14：00～16：00	年中～年長　子ども6～7人グループ（職員4～5人）					

午前（1歳～）	
9:30	入室 自由あそび （リズム、お名前呼び、絵本など）
9:45 11:00	・部屋あそび （運動あそび、エアートランポリン、ボールプール、素材あそび、クッキングなど） ・公園
11:30	お弁当 報告　自由あそび 順次終了

午後（4～5歳）	
14:00	入室 自由あそび
14:20 11:00	・部屋あそび （運動あそび、エアートランポリン、ボールプール、お店屋さん、クッキング、制作など） ・公園 ・バスでお出かけ（双ヶ岡、船岡山、楽只公園など）
15:30 16:00	おやつ 報告　自由あそび 順次終了

療育って何？

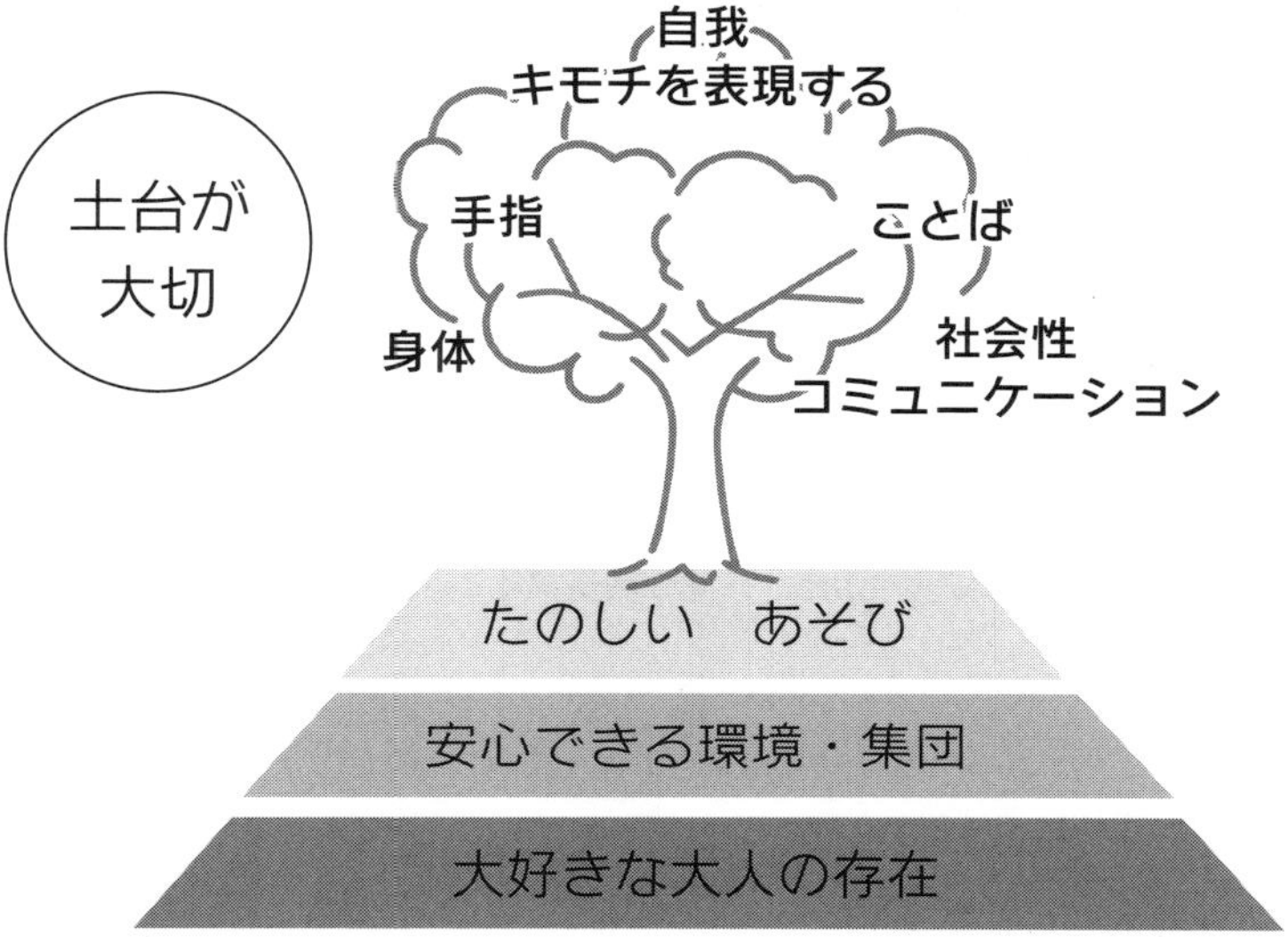

ことば、身体の使い方、感情、社会性などの力は、それぞれ切り離して考えられるものではありません。それらが育つには土台が大切です。まずは、「この先生大好き！」「大人っておもしろいな」と思えるような、安心できる大人との関係、次に、人数、大きさ、同じ発達段階の子どもの集団での安心できる環境、最後に自分が楽しい！と思えるあそびがある、という土台のうえで、子どもたちは育っていくと考えます。

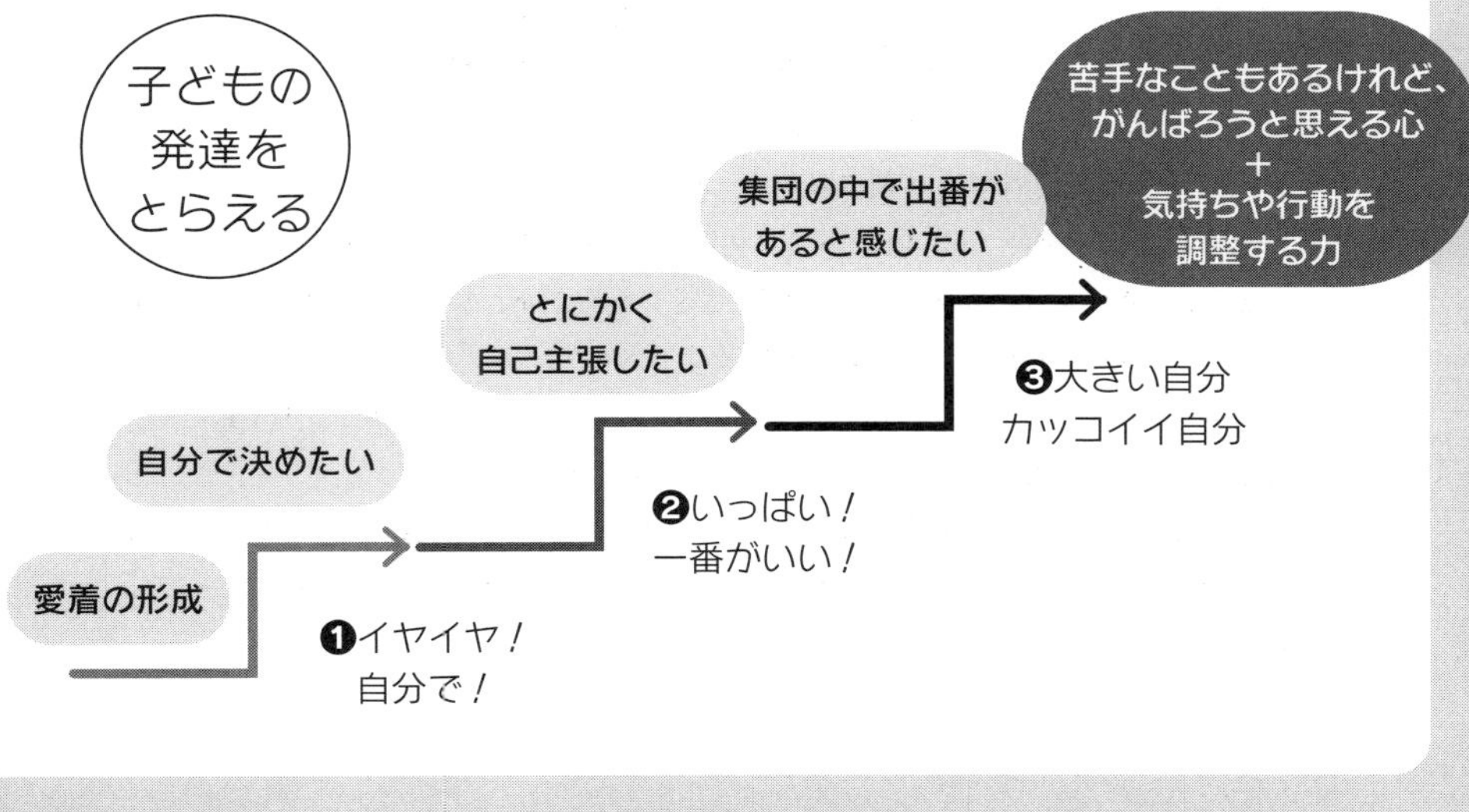

療育につながるまでの流れ

（京都市の場合）

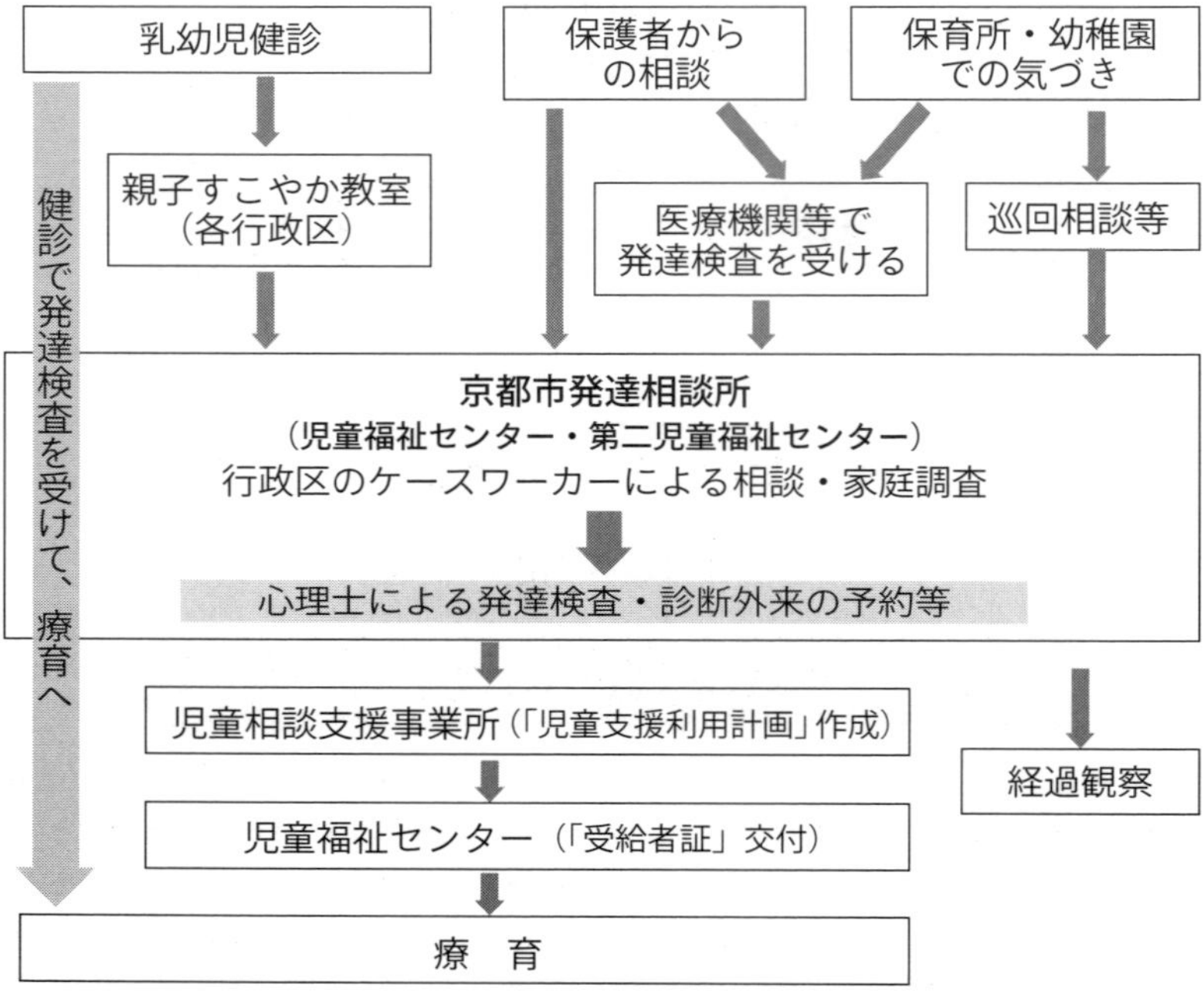

- 乳幼児健診や保護者からの相談、保育所・幼稚園での気づきから、発達相談所（児童福祉センター・第二児童福祉センター）を紹介されます。
- 行政区のケースワーカーの家庭調査があり、発達検査・発達相談等が行われ、一人ひとりに最も合った支援の方法を検討します。
- 児童相談支援事業所に「児童支援利用計画」の作成を依頼します。
  児童相談支援事業所では、療育施設の利用方法、選び方などについてサポートし、「児童支援利用計画」を作成します。児童相談支援事業所が見つからない場合は、セルフプラン（保護者が自分で計画案を作成する方法）もあります。
- 「児童支援利用計画」（またはセルフプラン）と、「サービス利用の申請書」を児童福祉センターに提出し、「受給者証」を受け取ります。
- 児童相談支援事業所や児童福祉センターと相談して、子どもに合った児童発達支援事業所を探します。児童発達支援事業所と契約し、療育を開始します。

第1章

発達を育む
パーチェのあそび

1 発達におよぼす あそびの力

1）心地よく感じる世界

パーチェが療育で大事にしていることは、「子どもの発達や特性を理解すること」と「あそび」です。

そもそもあそびとは何でしょうか。まずは砂あそびや粘土あそび、少し年齢が高くなると、ごっこあそび（生活再現あそび）やかくれんぼ、おにごっこなどのルールのあるあそびが思い浮かびます。

あそびをもっと広くとらえると、「楽しいと思えること」「気持ちが安らぐこと」「もっとしたいと思えること」などではないでしょうか。抱っこやシーツを使った揺さぶりあそびやパラバルーンでは身体で感覚の心地よさを、粉あそびや寒天あそびなどでは手足で感触の心地よさを、それぞれ感じます。その感じ方やおもしろさはさまざまで、皿を回すことも、蛇口から出る水に手で触れることも、その子にとって心地よく感じられれば、すべてあそびになります。

たとえば本書で紹介している「石ひろいあそび」（↓42頁）や「市バスウォッチング」（↓46頁）は多くの場合、あそびではなく「こだわり」のように扱われます。そしてその「こだわり」は、なくすべきものと思われがちです。しかし、子どもたちにとってこれらは心地よいあそびです。

子どもたちはなぜ、それが楽しいのでしょうか。私たちがその理由を考えたり、いっしょに感じたり楽しんだりすることで、子どもたちの気持ちを理解できたり、子どもたちも私たちに気持ちを向けたりします。子どもの見ている、感じている世界を共有できたことで、子どもとつながるきっかけが生まれることもあります。

そのためにも、子どもたちから見えるあそびを考えたいものです。

2）発達の原動力は「こうなりたい！」という願い

わが子に発達の遅れや障害があるとわかり「療育が必要」といわれたとき、「ほかの子と同じようになれるだろうか」「集団に入れるだろうか」「保育園や幼稚園でついていけるだろうか」「小学校は……」などと、保護者は不安でいっぱいになります。

こうした保護者の気持ちをしっかり聞くことは、とても大事です。あるお母さんの願いは「療育に通って、集団に入れるようにしてほしい」ということでした。身内から「ちゃんとさせるように」

といわれたり、ほかの子と比べられたりしてつらい思いをした、という話もよく聞きます。

加えて、保護者の不安をあおるようなインターネットやSNSでの情報や、「社会に出て働けるように」「誰にも頼らない自立」「自己責任」「みんなと同じようでなければならない」などの社会の風潮からも、ますます不安が強くなるのではないでしょうか。

このような背景にもしっかりと目を向け、保護者の思いに寄り添いながらいっしょに子どもの姿をとらえ、「その子のいまの願いは何か」を考えることが、療育では大事だと考えています。

その際パーチェでは、「いすに座れないから、いすに座る練習を」や「手先が不器用だから、手先の運動を」ではなく、あそびがその子の願いと一致しているかどうか、を考えます。そして、その子が自ら「やってみたい！」「わかりたい」と思えるような環境やあそび、集団や生活をていねいにつくっていくことが大事だと考えています。それは、子ども自身が発達の主体だと考えているからです。

3）子どもの発達に応じて

子どもたちの「願い」を知るためには、発達を理解することが大切だと考えています。

「いや」と自分の思いを主張したい時期、「もっと」「いっぱい」「全部ほしい」と要求をふくらませる時期、「できる—できない」「上手—下手」などの違いがわかり評価に過敏になる時期をはじめ、子どもが「よりよい自分になりたい」と自らをつくり変えようとする時期に生まれる要求や葛藤を、私たちは「願い」としてとらえます。

また、「ヌルヌルやベトベトが苦手」「大きい音が怖い」「イメージすることや、抽象的なことを理解することが苦手」などの発達障害の特性についても考えます。

そのうえで、職員は「この子はほかの友達のあそびをそう見ているのか」「どうすれば楽しくあそべるのか」などと考えたり、よりおもしろくなるように工夫したりします。「みんなと同じあそびができる」ことだけを目的とするのではなく、その子の願いを想像しながら、「その子が楽しめるためにはどうしたらいいのか」を考えます。寄り添いながらその子の願いに合ったあそびを考えるのも、大事な専門性だと考えています。

パーチェでは、障害や苦手なことがあっても「私は、私でいいんだ」と実感できる経験こそが、子どもたちの発達を支える土壌になると考えます。パーチェに通う子どもたちには、ほかの子と同じように身体を動かすおもしろさや、道具を操作する楽しさを実感したり、大人や友達と関わる心地よさを感じたりしてほしいと思います。

本書で紹介するあそびの例はいずれも、大人の願いから出発したものではなく、子どもの願いから考えられたものです。

そして、パーチェで大事にしていることがもう一つあります。職員はあそびの提供者ではなく、子どもたちといっしょに全力であそぶ存在だということです。

2 子どもたちの願いから出発したあそびと工夫

全身の感覚や協調性を育むあそび

子どもたちは乳幼児期に、身体の成長に伴っていろいろな動きを身につけていきます。乳児期の寝返りや四つ這いなどは、その後の運動の力をつけるうえで大切な土台となります。

パーチェに通う子どもたちのなかには、歩いたり走ったりできるけれども動きが不器用だったり、感覚がとらえにくかったり、過敏だったりする子もいます。パーチェでは、運動あそびや手指を使う活動を通して、全身の感覚を豊かにしたいと考えています。

1 WHOLE BODY 風呂敷パラバルーン…

ふんわりした空気が緊張をときほぐす

パーチェのパラバルーンは、一般によく見られるカラフルな丸い形のものではなく、風呂敷を縫い合わせて作成したオリジナルの風呂敷パラバルーンです。パーチェができた当初は購入する余裕もなく、「パーチェだより」で呼びかけて保護者に提供してもらった風呂敷ですが、思いがけず、その透け感や手触り感がなめらかな感触となっています。

子どもたちのなかには、緊張が強く、感覚が研ぎ澄まされている子たちがいます。乳児期には抱っこをいやがることが多く、その後も友達がそばにいると不安になる、昼寝で寝つけない、汚れることが気になってあそびの幅が広がりにくい、などの傾向が見られます。

私たちは子どもたちに、人と触れ合う感覚の心地よさを知ってほしいと考えています。風呂敷パラバルーンは、布の感触や、空気を含むふんわりとした動きを見る（視覚）体験などを通して、緊張をときほぐしていきます。

こんなふうに あそんでます :)

職員が風呂敷パラバルーンの四隅を持ち、ふんわりと空気をふくませて天井まで上げていきます。子どもたちはその下に入ったり通り抜けたりします。パラバルーンがゆっくり沈んでくると、子どもたちはその中に入ってしまいますが、布が透けて外の様子も見え、大きな不安にはなりません。そこから、シーツそり（↓49頁）やかくれんぼ（↓63頁）に発展させても楽しめます。

子どもたちは、天井まで舞い上がった風呂敷パラバルーンに乗りたくなります。まるで雲の上に乗るかのような感覚なのでしょう。残念ながら子どもたちが思い描くような乗り方はできませんが、風船を乗せてみんなで揺らすなどして楽しみます。「どうしても乗りたい！」ときは、子どもたちがみんなで風呂敷パラバルーンに乗ってシーツそりを楽しんでいます。

2 WHOLE BODY

エアートランポリン

●●● いつもはできない大胆な動きを経験

約3メートル四方、高さ40センチほど、空気で大きくふくらませるエアートランポリンは、子どもたちの笑顔も弾み、年齢を問わず大人気です。立ってジャンプするだけでなく、座った姿勢や寝転んだ姿勢で揺れや重力を感じるほか、触刺激（体の表面に感じる刺激）を育んだり、怖さから離れて大胆に動く経験を積んだりしています。

「いすなどに長時間座っていられない」「寝転がってあそぶことが多い」など、姿勢を保持する感覚をとらえにくい子どもたちがいます。そのために「遊具への不安感や恐怖心が強い」こともあります。子どもたちは決して「だらけている」のではありません。エアートランポリンで楽しく体を動かしながら、全身の感覚を豊かにしていきます。

また、ふくらます送風機の音が苦手な子には「掃除機みたいに大きい音がするよ」と、気持ちを準備できるよう予告します。

楽しすぎて「おしまい」がむずかしいこともよくありますが、満足するまでやりきった後に次のあそびに誘っています。エアートランポリンの空気が抜けきるまで足で踏み続けるなど、子どもたちも自分のなかで「これでおしまい」と納得する時間が必要なのでしょう。

こんなふうに あそんでます :)

相撲対決（子どもvs職員）

エアートランポリン上での相撲は、不安定な足元で踏ん張り続ける必要があります。姿勢を保ち続けるのが苦手な子どもたちのほとんどは、ドンと瞬間的には押せても、相手を押し続けることはむずかしいのです。そこで職員が「負けないぞ」と踏ん張り、子どもが押し続けられるように受けとめます。しっかり押す力を発揮してから、職員は「負けた～」とやられます。

新聞紙キャッチ

細長く切った新聞紙を天井から吊します。子どもたちはエアートランポリン上でジャンプしてそれをキャッチします。新聞紙の長さは、背の高さやジャンプ力に

合わせて調整します。吊すやいなやキャッチされ、職員の吊す作業が追いつかないこともしばしば。最後はその新聞紙を集めて丸め、雪合戦のようなあそびが展開されることもあります。

魚釣りごっこ

エアートランポリンの下にいる職員を魚に見立て、みんなでいっしょに引っぱり上げます。釣り上げられた魚（職員）はみんなに食べられて、また逃げて……、をくり返して楽しみます。時には「ぼくが魚になるよ」という子どもも出現します。

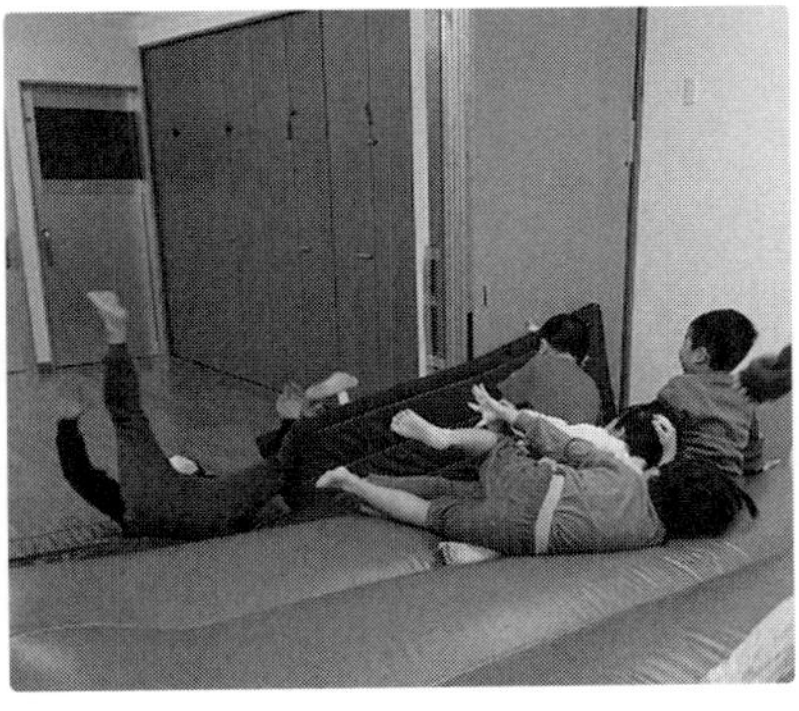

3 WHOLE BODY

ボールプール

感覚過敏な子どもたちの気持ちをやわらかくする

ボールプールは文字通り、赤、青、黄などカラフルなポリエチレン製のボールを水に見立てたあそびです。巧技台や厚手のマットなどで囲い（プール）をつくり、そこにテニスボール大のボールをたくさん流し込みます。囲いの広さにもよりますが、大きな衣装ケース5個分ほどを使うこともあります。そこに、室内遊具の斜面からすべって入ったり、なかで泳ぐように移動したりします。

たくさんのボールが全身に触れますから、感覚が過敏で触れられることが不安な子どもたちも、包まれる感覚、揺れる感覚など、さまざまな感覚を経験できます。それらの感覚を受け入れ、気持ちもやわらかくなるようにうながしています。

体をまっすぐに保つ体幹の支持が苦手な子どもたちは、肩の動きも硬い傾向があります。高いところをめがけてボールを投げる動きを通して、肩の可動域を広げていきます。それによって腕全体、肘、手などの動きがうまく連動していき、スムーズに走ったりジャンプしたりするなどいろいろな動きにつながっていきます。

こんなふうに　あそんでます :)

ボール入れ

1歳前半の「入れる活動」を楽しむ子どもたちは、容器を用意してそこにボールを入れていき、「いっぱい集まったね」と達成感を味わっています。また、段ボールに描いた動物の口の部分に穴をあけ、ボールをどんどん入れるあそびも楽しい時期です。

ボール流し

「〜してから〜する」という二つの活動が楽しい時期には、洗面器にボールを集めて、それを斜面に流すあそびを楽しみます。

おに助け

大きくなってくると、腕を振りかぶって投げられるようになってきます。パーチェでは、それが自然にできるような仕かけをつくります。

たとえば節分の時期には、オニの人形を天井から吊します。「悪いオニじゃないから助けてあげよう」

と、ボールを投げます。吊していた紐がゆるんで、オニを助けることができました。

ちなみにこのオニは、もともと退治するつもりで用意したものでした。しかし「オニという言葉だけでも怖いのに、退治なんてもっと怖いのでは」という議論になり、オニを助けるあそびになりました。

4 山道探索・・・でこぼこ道が姿勢やバランス感覚を刺激

WHOLE BODY

午後のグループや土曜日のグループは、園バス「おひさま号」に乗って公園や小山などに出かけています。その目的の一つがこの山道探索あそびです。

散歩をする小さな子どもたちが、自分が見つけたいいものを「見て」と職員ら大人に共感を求めます。私たちはここに注目し大切にしています。「ほかの人に伝えたい」という気持ちが、コミュニケーションの土台になるからです。

最近では外あそびの場所が少なくなり、全身を動かす経験を積みにくくなっています。でこぼこ道や足元が不安定な場所も多い山道探索では、しゃがむ、つかむなどいろいろな動きや姿勢、バランスを経験できます。それによって、手と足、足と目など別々に動く機能を同時に動かすような全身の協調性を実践的にうながせます。子どもたちは思い通りに動けるうれしさを感じられるだけでなく、緊急時のとっさの身のこなしもできるようになり、けがの予防にもつながるなどのメリットがあります。

山道探索の様子から

京都市北区にある船岡山は適度に舗装されていたり、けもの道もあったりして、子どもにとって魅力的です。また、同市右京区の双ヶ岡では、子どもたちが体力に応じて小高い丘を登ります。

「あっ、ドングリ！」

さっそくドングリを見つけた子どもが、職員に見せに来ます。

「ドングリあったねぇ」

子どもはにっこり。一人ひとり、牛乳パックで作ったカバンに集めていきます。

「帰ったらお母さんに見せようね」

お母さんがよろこぶ様子を思い、子どもたちの期待がふくらみます。

5歳児は、舗装された歩道だけでなく「ここも登れるんじゃない？」とけもの道も登っていきます。小さ

い頃は弱々しくて大人の支えが必要でしたが、だんだんとしっかり前傾姿勢をとって力強く登るようになります。職員は見守りながら「そこの木を持ってごらん」と目安を示したり、下り坂でペースをつくれるよう「ゆっくりね」と声をかけたりしています。

「こんな広場に出たよ!」

「大文字が見えるよ!」(船岡山からは五山送り火の左大文字が目の前に見えます)

子どもたちは達成感でいっぱいです。

5

WHOLE BODY

芯ロケット

…支えながら引っぱって離す

新聞紙を丸めて作った棒の先端に輪ゴムをつけて、輪ゴムの先には割り箸をつけます。ロケットに見立てたトイレットペーパーの芯を、その棒の先端から輪ゴムもろともかぶせ、割り箸にひっかけて手前に引きます。芯をもつ手を離すと、芯ロケットが飛んでいきます。「～しながら～する」という、複数の動きをまとめ上げる力を使うあそびです。

グループのなかには、複雑な操作が苦手な子や、失敗に敏感な子もいます。楽しくあそぶためには試行錯誤も大切なものですが、少しの失敗で落ち込んだり「失敗したらどうしよう」と過剰に心配したりする子の場合、むずかしい操作はあそぶためのハードルを上げてしまいかねません。

トイレットペーパーの芯をかぶせて引っぱる

少しでも「自分には無理」と感じると「もうやらない」と離れてしまいます。子どもが「これならやってみたい」と思えるための工夫が求められます。

　そこで職員は「両手で別々の操作が難しくても、片手でなら操作できないか」と、発射台をつくって棒を固定する方法を考えました。芯を引っぱって離すだけで、簡単に飛ばせます。

　試してみるとこの発射台方式のほうが人気で、「ぼくもつけて！」とみんなが台に固定して飛ばし始めました。芯を握ってしまいうまく引けなかった子も、芯に紐をつけて引っぱりやすくすると、飛ばせるようになりました。

　慣れてくると、狙いを自由にするため、棒を発射台から外して本来のあそび方で楽しむ子も出てきました。それを見て「少し難しそうだけど挑戦したい」と続く子もいました。きっと、最初に飛ばして楽しめたことが、その意欲の土台になったのでしょう。

芯ロケットの作り方

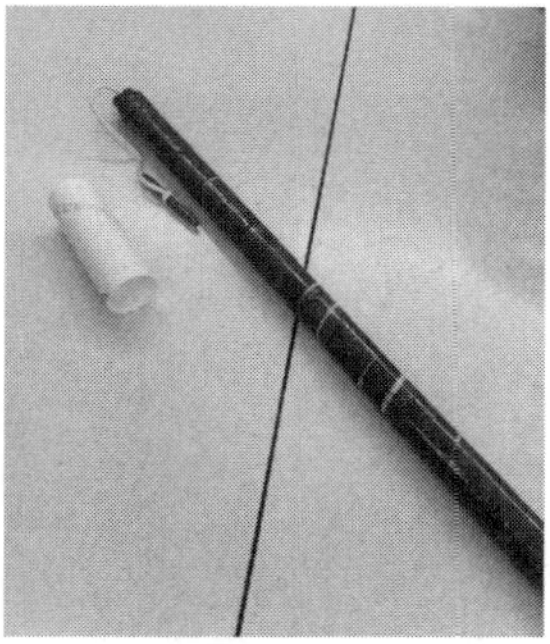

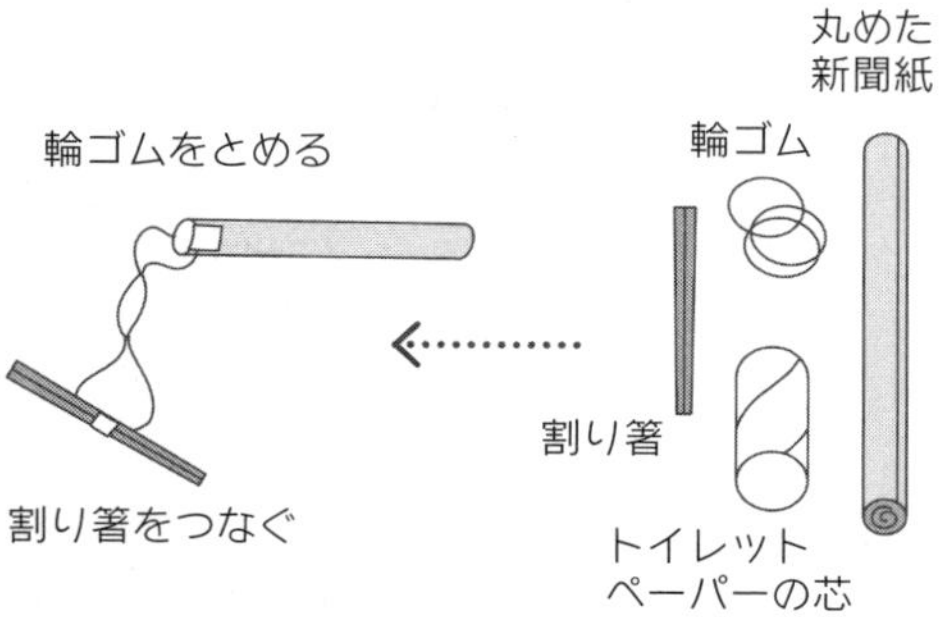

こんなふうに あそんでます :)

ねらいを定めて飛ばそう

お化けの的を狙ったり、吊したフープの輪に通したりしてあそびます。

飛行機飛ばし

同じように引っぱって飛ばすあそびです。飛行機をつくることから始め、台に固定したゴムにフックをつけた飛行機をひっかけ、引っぱって飛ばします。芯ロケットよりしっかり握って引っぱる必要があります。

職員と子どもが飛距離を競ったり、いろいろな色のマットを敷いて着地させる色を狙ったりするあそび方もできます。

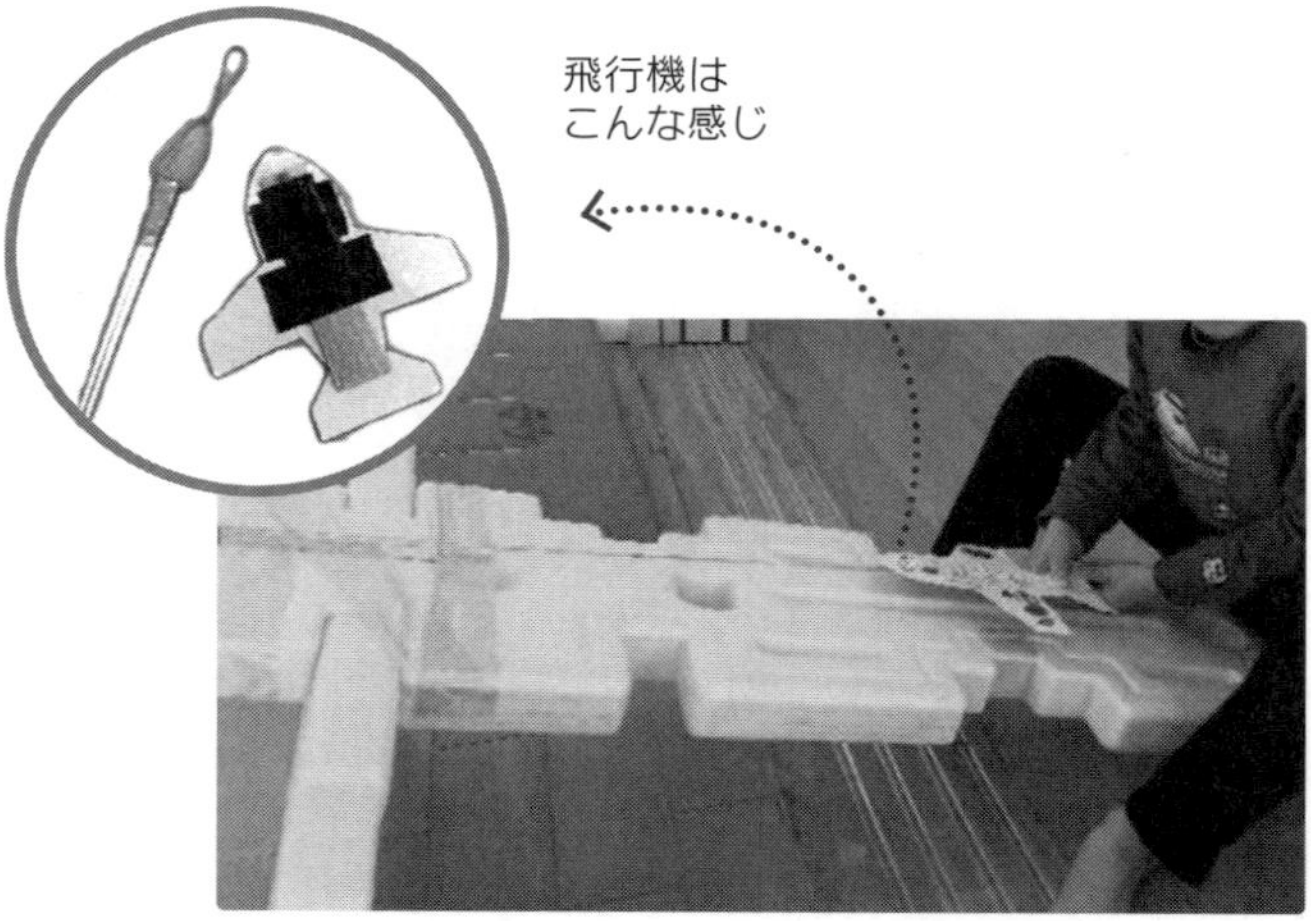

6

WHOLE BODY

風船ラケット

動きを見ながらラケットで打つ

牛乳パックで作ったラケットを使って相手コートに風船を打ち合うあそびです。

これも「〜しながら〜する」力を使います。風船の動きを見て距離感をつかみながら、ラケットで打ちます。力が弱くても飛びやすく、当たりやすい大きさの風船を使うことで「自分にもできた！」という達成感を味わえます。また、チームのみんなが「やった！」と共感する経験も味わってほしいと考えています。

ラケットは、子どもが握りやすい太さにしています。少し重みがあるため、振りかぶりやすい利点もあります。腕を肩より上にあげる感覚をとらえにくい子どももいます。体幹が育っていないと、身体の中心から手や足を広げる際にバランスを崩してしまうのでしょう。あそびのなかで「高いところから打てるかな」など全身を大きく使う場面をつくっています。

失敗が怖い子どもたちには、たくさんの風船を用意します。一つ

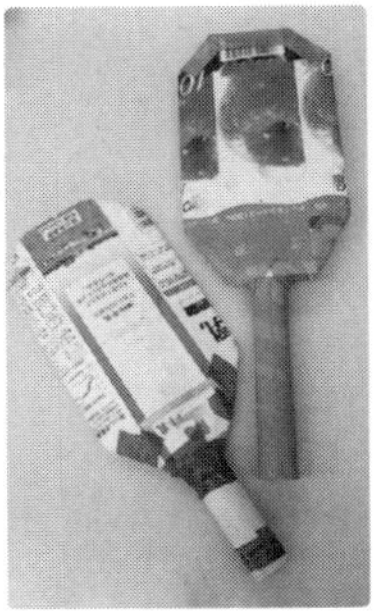

しかないと「失敗―成功」の二択ですが、たくさんあると失敗を実感する前に次が出てきます。「できる！」「おもしろい！」という体験からスタートすると、「もっとしたい！」とくり返し、よりたくさんの経験を積み重ねることにつながります。楽しく活動できるところから少しずつ、身体の使い方や手指の力の入れ方、腕の動かし方を学んでいきます。それらが、コップにお茶をそそいだり、こぼさないようにお皿をそっと運んだりするなど、日常の生活動作につながります。

こんなふうに あそんでます :)

部屋の真ん中に線を引き、子どもと職員のチームに分かれます。相手コートに風船をたくさん打ち込んだチームが勝ちというルールです。

最初はラケットを握ることすらためらっていた子どもも、たくさん風船が舞うなかで少しだけポンと打ってみます。風船がふわりと舞って相手コートに落ちると、だんだん楽しくなってきて、風船が一つも残らないように、ラケットで打ち返します。子どもチームが勝って大よろこび。子どもたちの「もう1回！」の声で2回戦、3回戦と続きます。

何度も楽しく対戦していくうちに、風船の飛ぶ距離が伸びたり、確実に打ったりできるようになってきます。子どもたちも「だんだんうまくなってきたぞ」と実感しているのが伝わります。

7 寒天や小麦粉粘土

WHOLE BODY

手指の活動や見立てる力を育む

寒天あそびをはじめ、小麦粉粘土あそび、水や砂あそび、新聞紙あそびなどに取り組んでいます。これらは形を変化させやすいうえに、道具を操作して「自分でできた」という達成感を得やすく、さらに「上手―下手」を感じたり「失敗した」と落ち込んだりすることも少ないあそびだからです。

手や足の感覚が過敏で、砂や粘土、ノリなどを触ることへの不安感がとても高い子がいます。手が水で少し濡れたり服に水がついたりするのも不快で、水たまりを避け、雨の日の外出に不安を感じながら日々の生活を送っています。大人に「やってみたらおもしろいよ」と誘われても、子どもにとっては決して「大丈夫」ではありません。

そのためどうしても、手や指でいろいろな素材を「触れる」「つまむ」「入れる」「ぎゅっと握る」「なでる」などをする経験が不足します。また、「冷たい」「温かい」「ふわっとしている」「固い」などの感覚と言葉が、実体験のなかで結びつきません。

感覚が過敏な子どもたちには、「いやだったらしなくていいよ」という選択肢もありますが、「本当はやってみたい」という気持ちがないかどうか、見極める必要があります。そのうえで、間接的に素材に向かえるよう、型抜きや食事用のナイフ、ハサミ、トコロテン突きなどの道具のほか、手を拭くタオルも用意して、興味・関心の芽生えを摘んでしまわないような働きかけが大切です。

こんなふうに あそんでます

寒天あそび

赤や黄色の食紅を入れたカラフルな寒天をつくります。きれいな彩りに「うわ〜!」「ゼリーみたい」と子どもたちの目が輝きます。「これ食べられるの?」という子、何だろうと恐る恐る触ってみる子など、反応もさまざまです。

寒天をちぎったりつぶしたり、ナイフで切ったりして、「つぶれたね」「こんな形になったね」など変化するおもしろさを共有します。カップや容器に入れる、移し替える、ボウルに入ったたくさんの寒天を両手でぐちゃっと混ぜるなど、冷たくて気持ちいい感触に笑顔があふれます。

「見立て」「つもり」あそび(↓53頁)が楽しくなっている時期の子どもたちは、寒天を弁当箱に入れて「お弁当屋さんですよ、いらっしゃ〜い」とお店を開店したり、細かくなった寒天の上に型抜きした寒天を飾って

「パフェ」をつくったりと、あそびを展開することもあります。

小麦粉粘土あそび

小麦粉と片栗粉少々、サラダ油少々、食紅、水を混ぜて小麦粉粘土をつくります。手や指で簡単に形が変えられる素材です。

小麦粉粘土に触ることができたとしても、形の変化だけでは楽しめない場合があります。見立てるイメージがつかめないと、あそびを掘り下げられずに飽きてしまうのです。

そんなときは、キャンディーのように包んでみたり、粘土のなかにすてきなものを埋めてみたり、2色の粘土をこねて色を変化させたりと、あそび方を工夫します。イメージをふくらませるためには道具も手がかりになります。皿やフライパンなどのキッチン道具、でき上がった粘土（料理）をパクっと食べる牛乳パックでできたパペットなど、魅力的な道具やリードする大人の存在が、子どものあそびの幅を広げ手指の活動へとつなげていきます。

友達と「いっしょ」を感じるあそび

パーチェでは、まず大人（職員）との信頼関係を築き、そこから子ども同士の関係へとつなげています。そして、大人や友達が大好きという気持ちを育てていきたいと考えています。

そのために小集団での活動を重視し、不安があっても「みんなといっしょにできた」と実感できる条件づくりを大切にしています。

1 石ひろいあそび

友達づくりにつながってお母さんもびっくり

4歳児クラスのはるくんは、「見立て」「つもり」あそび（↓53頁）が苦手です。新しい場所や人にも不安があり、友達に対する警戒心が特に強いようです。器用でないため体を使った活動にも苦手意識が強く、あまり参加しようとしません。普段は既成のおもちゃであそんだり、大好きな石ひろいをしたりしています。保育園の園庭あそびでいつも小石をひろい、自宅には持ち帰った小石がたまっているそうです。

体を使った活動が楽しくなるよう達成感を積み重ねる、安心できる大人との関係からコミュニケーションの幅を広げる、具体物を使ったわかりやすく、楽しめるあそびを増やす――。こうした方向が望まれましたが、はるくんは「大きい―小さい」「上手―下手」などの違いにも気づき始めている時期で、職員が提案する活動は「やらない」と拒否したり、おもちゃや道具が出てくると「いっぱいがいい」「全部ぼくの」と抱えたりして、なかなかあそべません。

パーチェではまず、はるくんが安心できるあそびを職員といっしょに楽しむことを課題にしました。

●安心してできるあそびを職員といっしょに

好きなあそびは石ひろいです。公園に行くたびに小石をひろい、ミニバケツに集めて帰ってきます。職員はあそびが広がればと、バケツの小石を斜面から転がしてみました。しかし特に反応もなく、その小石はバケツに回収されました。

はるくんは一人で小石をひろっていました。「いっぱいほしい」し「全部自分の」ですから、バケツにたくさん集めています。それらの石を見ると、なんとなくはるくんの好みが見えてくるようです。

「はるくん、この石どうですか？」

職員が、はるくんの弟子になったつもりで、小石を選んで渡してみました。

「ちがう……」

なかなか師匠の目にかなわず、小石はバケツに加わりません。角が少し丸いもの、反対にカクっと角があるもの、そしてベースは少しサラサラしているものが好みのようです。そうしたポイントをつかみだすと、弟子の選んだ小石もバケツに加わり始めました。

調子に乗った弟子は「この石いいね」「これは好きやわ」とバケツから選んでみたり、弟子の好みで「ちょっと、これは違うんじゃない」などと挑戦してみたりしました。

友達が加わって

そんなある日、同じグループの女の子が二人、はるくんの近くに寄ってきました。友達との関わりが少ないはるくんにとっては不安なはず。「ぼくのをとられる」「好きなことを邪魔される」という警戒心から怒るのではないか、と危惧される場面でした。

弟子は、近づいてきた女の子二人に伝えました。

「はるくん、きれいな石、見つけてはるんやで！　ほらツルツル」

二人は、はるくんのバケツを覗き込みます。

「私も集めたい！」

そのまま三人での石ひろいが始まりました。特に会話はありませんが、はるくんはなんだかうれしそうです。するど、はるくんは自分のバケツから小石を取り出してベンチに並べ、披露します。さらに、そのなかの小石を二人に一つずつプレゼントしました。

はるくんにとって、自分の好きなことに興味をもってもらえるうれしさを実感できたのは、すてきな経験になったことでしょう。

「まさか、石ひろいがお友達とつながるきっかけになるなんて⁉」

そのエピソードを伝えると、お母さんはびっくり。

「実は関わりたい気持ちがあったのかもしれませんね」

とうれしそうでした。

はるくんは友達に興味がないのではなく、自分に興味をもってほしかったのかもしれません。

2 市バスウォッチング

大人との関係づくりからはじめる

4歳児クラスのたかくんは数字が大好きです。時計やカレンダーが読め、300まで数えられます。具体的に予定を伝えておくと、その通りに行動できる力があります。

パーチェに通い始めた頃のたかくんは、身体を使った活動には「怖そう」と参加せず、大人と関わるよりも物やおもちゃを使って一人であそんでいました。職員があそびに誘っても構えて離れてしまいます。まずは「職員との関係づくり」を主な療育課題にし、たかくんが楽しめるすべり台で、好きな電車と組み合わせたあそびを展開しました。すべり台の下を職員が腕でふさいで「カンカン」と踏切のまねをし、その踏切が上がるとたかくんがすべります。これが気に入って、たかくんも「カンカン」とあそびを要求します。腕のボタンを押すと踏切が上がったり、職員があえて踏切を上げなかったりする変化も楽しみ、くり返しあそびました。

たかくんは次第に、職員に思いを出すようになりました。たとえば、公園に行く道中に「こっち！」と別の道を走っていきます。多くは公園にたどり着きません。それでも、自分の好きな道を行くのが楽しそうでした。室内活動の日でもたかくんは「公園行く」と泣き出しました。気持ちは収まらず、たかくんと職員の二人で散歩に出かけました。

●バスを眺めて

公園への道中、たかくんは大好きなバス停を見つけ、そこのベンチに座って市バスを見るようになりました。それが1時間余りと療育時間の半分以上です。その間、たかくんが楽しめるあそびの提案もしましたが、たかくんの主張はますます強くなっていきました。そのため、たかくんの気持ちを受け入れて、バス停でのコミュニケーションを継続しました。

バス停にはいろいろなバスが停まります。通過するバスもありました。市バスは同じ色でも、系統番号だけは違います。そのうちに職員もバスに興味が出てきました。バスが通り過ぎると、職員は「あー、残念」とあえて強調したり、「203系統」のバスが来るとわざと「201系統だ！」と間違えてみたりしました。

「203」

たかくんがいい直します。

「ホントだ！　正解！」

こうしたやりとりを楽しみながら次第に、バスを眺めるだけだったたかくんに変化が出てきました。バス停では職員のひざの

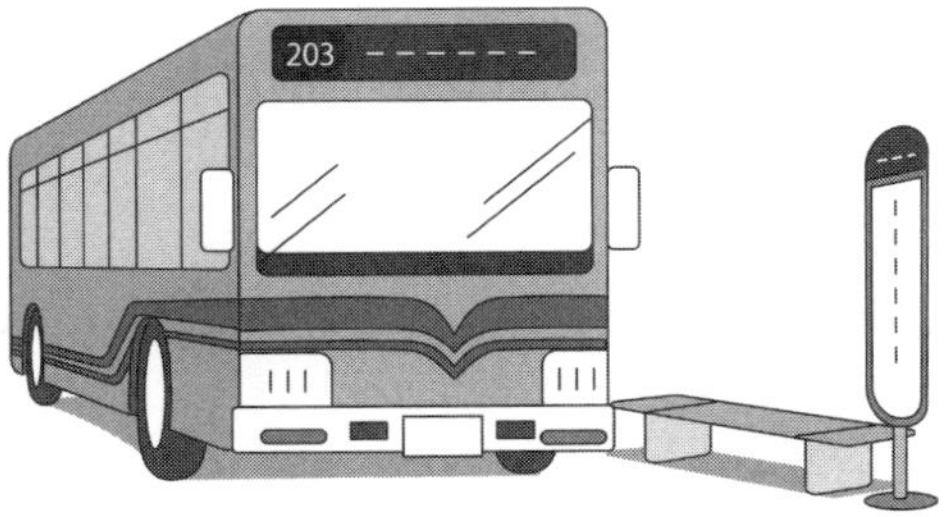

上に座ってバスを見ます。たかくんもわざと違う系統番号をいって、職員の反応を期待しています。職員は、たかくんのあそび仲間に迎え入れられたように感じました。

その後のたかくん

5歳児クラスになると午後グループになって、園バスで出かける活動が増えました。最初は、楽しめなければ個別に部屋あそびを用意するつもりでバスに乗りました。しばらくは泣いていましたが、職員の抱っこで気持ちが落ち着き、現地に着くと斜面登りをくり返し楽しみました。

山の岩場がたかくんのお気に入りです。少し怖いときは職員の手を求め、登り切ると振り返って満足そうです。その一つだけでなく、シーソーやブランコなど、あそびの広がりも見られました。

ある日、現地に着いて間もなく雨が降り始めました。職員が「雨降ってきたし、帰ろうか」とうながすと、たかくんは「字踏む」（駐車場の番号を順番に踏むあそび）と強く拒否します。しばらくたかくんのあそびにつき合った後、抱っこで園バスに戻りました。たかくんは抵抗していましたが、それまでのように泣き叫ぶ拒否ではなく、納得しようとしている姿にも見えました。

自分の主張を押し通すだけではない姿や、いろいろな場面で職員を支えに不安を乗り越えようとする姿が、療育のなかでたかくんに見え始めてきていました。

3 シーツそり・・・からだが包み込まれて揺れる

シーツに乗った子どもたちをそりのように引っぱるあそびです。「できる―できない」に関係なく、友達と声を出して笑い合い、「いっしょ」を感じられます。シーツに座ったり寝転んだりしながら、揺れる動きを楽しめます。一人で寝転がって乗るのも楽しく、友達といっしょに座って「しゅっぱつ！」と、ごっこあそびにもつながります。

「これなら乗れそう」と思えたのは

りこちゃんはいつも一人でシーツそりに乗っていました。ところがある日、すぐに降りてしまいました。何人かの友達がいっしょに乗っているのが気になるようです。その後、いっしょに乗りたそうですが、自分からは乗りに行きません。スペースはあったため職員がうながしてみますが、それでもためらっています。

運動面で、踏ん張ったり支えたりするのがうまくできないため、少し怖いのかもしれません。そこで、大きなパラバルーン（↓23頁）をシーツ代わりにしてみました。みんな乗り放題、全員が寝転んでも大丈夫です。りこちゃんも「これなら乗れそう」と思えたようで、飛び乗ってきました。

「出発しまーす！」

パラバルーンのそりを職員が引っぱり、療育室の端から端まで移動して楽しみました。

乗れなければ引いてもいい

まいちゃんは、シーツそりに乗ってみたいけれども不安です。職員は、人形をシーツそりに乗せて引っぱってみました。

「私もする！」

まいちゃんは、自分の好きなクマの人形を乗せて引っぱります。職員が「クマさん行ってらっしゃい！」と声をかけるとうれしそう。自信になったまいちゃんがいいました。

「先生乗って」

「乗せてくれるの!?　ありがとう」

職員を乗せ、力いっぱい引き始めるまいちゃんですが、動きません。職員はお尻を浮かせ、手足で必死にこいで、「おお！　動いたよ！」と呼びかけます。まいちゃんは「当たり前でしょ」といわんばかりに誇らしげ。その後も堂々と引っぱって歩き、シーツそりに乗った職員は汗をかきながらついて行きました。その日、お母さんにはまいちゃんが「シーツそりに乗れなかった」ことではなく、得意気に引いていたことを報告しました。お母さんも大笑いでした。

4 FRIEND 消防ごっこ

みんなが「自分が消した」と実感できる

消防車になって火事を消す「つもり」あそびです。

「見立て」や「つもり」（↓53頁）が苦手でも、具体的な手がかりがあり、「火が出た！」「消しに行く」という同じパターンのくり返しのため、目的がわかりやすく「つもり」になりやすいあそびです。みんなが同じ「消防車のつもり」になって楽しめ、「消えた！」と結果を共有できます。

グループのなかには、早く消しに来る子も、ゆっくり来る子もいます。何人かの職員が火のペープサートをもち、それぞれが場所とタイミングを見計らって「火事」を起こし、子どもたちみんなが「ぼくが消した！」と実感できるようにしています。

なかには「先生貸して！」と、火の役を催促する子もいます。「火事だ！」と呼びかけるとみんなが消しに来ることに、自分の役割や出番として手ごたえを感じるようです。

室内だけでなく、外でもあそべます。

こんなふうに　あそんでます

ホースはラップの芯、それに青いポリエチレン製の平テープをつけて水に見立て、子どもたちが持ちます。複数の職員が火のペープサートを持って移動し、子どもたちと遠く離れたときに叫びます。

「火事だ！　消防車お願いします！」

その声で、火事を発見した子どもたちが集まって来て、「シュー」といいながら消します。職員がペープサートを後ろに隠すと、消火完了です。

また別のところから「火事だ！」と声がしました。見つけた子は「あっ、あっちや！」と急いで走っていきます。

「見立て」や「つもり」を育むあそび

生活経験から「本物ではないけれども、〇〇のつもり」などの「見立てあそび」や「つもりあそび」が生まれます。通常2歳頃から「見立て・つもりあそび」を楽しむようになってきます。目で見える世界だけでなく、その向こうにはイメージの世界が無限に広がっています。それを友達とも共有し、コミュニケーションを深めていけるようにしたいと考えています。

パーチェには、イメージしにくいために、素材を別のものに見立てたり「～のつもり」と考えたりするのが苦手という子が少なくありません。たとえば、砂場で茶碗に砂を入れて「ご飯ですよ」といっても、「ただの砂やん」と跳ね返されてしまいます。「見立て」や「つもり」がむずかしいと、ないものを共有する楽しさが味わいにくくなります。

療育では、本物に近い（もしくは本物！の）あそび道具を用意しています。職員の制作意欲も高まり、さまざまなごっこあそびを楽しんでいます。

1 IMAGE

色水あそび

職員の想定を越えた子どものイメージ

春になると、パーチェでよく利用する公園にはツツジが咲きます。落ちた花びらを集めて水を入れた袋のなかで潰すと、きれいなピンクの色水ができます。それを使ったジュース屋さんあそびを考えました。

まずは「見立て」が苦手でも取り組みやすいよう、ゼリーのカップやジュースのペットボトル、ジュースのイラストを描いた看板などを用意しました。すると、あおいくんが「ぼくもつくりたい」と参加してきました。あおいくんは不安が強い男の子で、幼稚園に通っていますが、園では周りの友達に合わせて動くことが多く、自分の思いをなかなか主張できません。

職員といっしょにつくった色水が完成しました。あ

おいくんは、ペットボトルに入ったその色水をうれしそうに持っています。職員は準備していたアイテムを見せて「ほら、イチゴジュースみたい」といってみたり、「いらっしゃいませ、ジュースいりませんか」とジュース屋さんのモデルを見せたりしました。

すると、あおいくんはペットボトルを頭の上にのせて歩き始めました。予想外の動きです。職員は「何を始めたのだろう」と、少しあわてました。

「あおいくんの好きな乗りものかな?」

別の職員がいいました。頭の上の赤色のペットボトルがパトカーのように見えたそうです。それをヒントに、職員が地面に道路を書いてみました。

あおいくんは「それだよ!」という表情で、うれしそうに走り出します。するとりつくんも同じように走り始めました。あおいくんは職員やりつくんを引き連れながら、みんなでパトカーや救急車になって乗りものごっこを楽しみました。

あおいくんは、自分の思いついたことに友達がのってきて、満足そうな笑顔を見せていました。自分の好きな乗りものあそびだと友達の先頭に立ってあそぶのも、新しい発見でした。

2

IMAGE

お寿司屋さんごっこ…

本物サイズのお寿司がイメージをふくらます

フェルト製の本物サイズのお寿司は、たまご、まぐろ、エビ、いなりずしなど、子どもになじみのあるネタばかり。極めつけはいくら。なかにビーズをつめこんで触り心地もプニプニしています。

子どもたちは、お店役とお客役に分かれてあそびます。お店役を張り切るものの、売れると手元のお寿司が減ってしまうのはいやだ、という葛藤もあります。思わず「買いにきちゃダメ!」といってしまうこともあります。そんなとき、それぞれの思いを尊重して職員は次の手を打ちます。

「そのお店は〇〇くん、よろしくね。こっちにもう一つお店をつくるね」

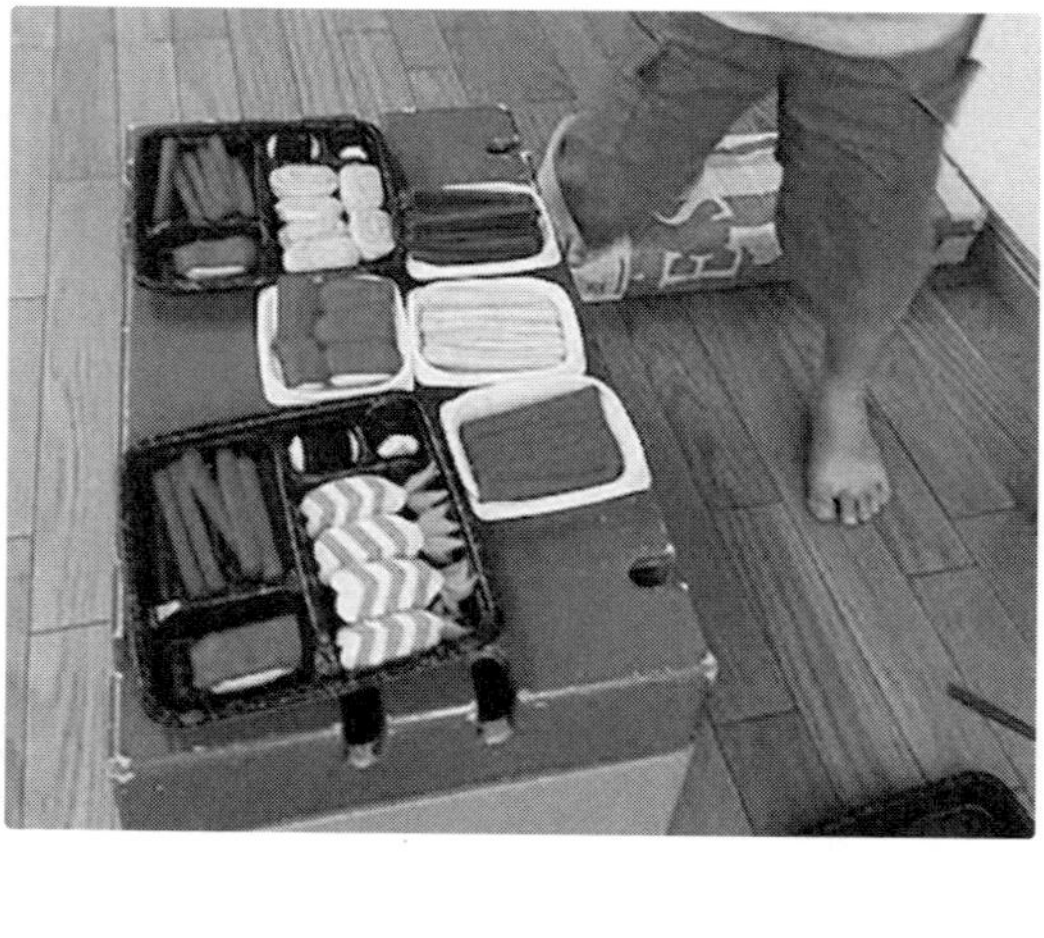

そのため、人数分のお店ができて買い物客がいなくなることもあります。5歳児クラスの子どもたちは、その葛藤を越えて互いのやりとりが生まれてきます。自分の店のお寿司は「いっぱい」がいいけれども、譲るために「食べたら返してね」と言葉を添えて売ることができるのです。どうしても譲れないときは、代わりに用意した紙のお金が「いっぱい」と感じることで、気持ちがゆるむこともあります。

豊かな生活経験があると、ごっこあそびに深みが出てきます。そして、友達といっしょにあそぶ楽しさも感じてほしいと願っています。

こんなふうにあそんでます :)

お客役の子は、宅配ずしのチラシを見ながら「このセットください」と買いものをします。お店役の子に容器に入れてもらい、自分の家に戻ります。

お店役の子は、職員の注文を聞いて配達することもあります。以前は電話での注文でしたが、最近ではスマートフォンを操作するふりをしてやりとりします。バーコード決済やポイントカードなど、いまどきの子どもの生活が垣間見えます。

また回転ずしのように、新聞紙で作ったレーンにお寿司を乗せて引っぱり、お客役が選ぶスタイルも楽しめます。

3 IMAGE パン屋さんごっこ…

店主とお客、それぞれの役割を意識してあそぶ

お店屋さんごっこでは、道具を使う楽しさだけでなく、役割を意識できるように支えています。主客の違いを意識し、相手の出方に応じて返答するのはなかなかむずかしいことですが、店と客なら役割がわかりやすくなります。

職員がお店役の子どもに注文するときも、その子に応じたひと工夫があります。

「ドーナツを一つください」

「サンドイッチを一つと、メロンパンを二つください」

一つのことをしっかりできたと実感するのが大切な時期なのか、複数のことを同時に意識できるかどうか、子どもの発達を見極めながら語りかけています。

こんなふうに あそんでます :)

お店役の子どもは、本物サイズのパンのおもちゃを机いっぱいに並べてパン屋さんになります。お客役の子どもはトングでパンをトレイにのせ、「これください」といって紙袋に入れてもらいます。たくさん買って家に戻り、職員や友達といっしょにパーティが始まります。

「買ってから、家に戻る」「食べるために、買いに行く」と二つのものごとのつながりがわかるようになってきた子どもたちには、店と家の距離が離れすぎないように場面を設定します。家を遠くにつくってしまうと、店に行きつくまでに思いが途切れてしまうこともあるからです。

もう少し長い見通しがもてるようになると、家に帰ってからの時間の流れを楽しむことができるようになります。テーブルの上に飾るようにパンを並べたり、お父さん役が帰ってくるまで待っていたりと、生活経験が再現されます。

また、お店役もお客役にパンを渡すだけでなく、お金のやりとりをしたり、「準備中です」と看板を出してお店を整えたりします。

ルールのある集団あそび

身を隠してから「ばぁっ」と出てきて相手の反応に期待いっぱい――。そんな大人とのやりとりあそびから、ルールのある集団あそびへと発展していきます。そしてそこには「勝ち・負け」が存在します。ルールは楽しいけれども、負けることは受け入れにくい……。そんな子どもたちが、葛藤から離れて集団あそびの楽しさを感じられるような工夫をしています。

1 RULES おにごっこ

安心してルールのあるあそびが楽しめる

子どもたちはルールのあるあそびを楽しみたいと思っています。しかし、勝ち負けに敏感な時期だと、オニにタッチされるのは「負け」として受け入れにくいことです。また、複数のことを同時に意識するのが苦手な子どもにとっては、オニが交代して「いまは誰がオニなのか」を意識しながらあそぶのもむずかしいことです。ほかにも、オニが迫ってくることを怖いと感じる子もいます。

パーチェのおにごっこは、こうした子どもたちもみんなで楽しめます。人気のおにごっこには「高おに」「バナナおに」「氷おに」などがあり、子どもたちも自分の得意なルールがあります。

こんなふうに あそんでます :)

高おに

遊具の上など、とにかくオニより高いところにいれば捕まらないルールです。また、オニは高いところには登れません。

オニ役の職員は、ルールを意識し続けられるよう「そこは高いから捕まえられないな」などといいながら子どもたちを追いかけます。オニ以外の職員は「オニは高いところには登れないよ!」「あそこも高いんじゃな

い?」と、ヒントを出しながら子どもたちといっしょに逃げます。

子どもたちは、高いところから降りてこなくてもかまいません。また、オニのそばを通っても捕まりません。子どもたちは「全然捕まらないなあ」と余裕をもってあそんでいます。

バナナおに

オニに捕まるとバナナのまね(両手をあげ、手のひらを頭の上であわせる)をして、その場に留まるルールです。逃げている人に「皮」をむいてもらう(上にあげた手を下ろしてもらう)と自由になれます。

氷おに

捕まると氷になってその場で固まります。逃げている人に「おゆ」といってタッチしてもらうと自由になれます。

「バナナおに」「氷おに」では、オニ以外の職員が捕まって「助けて~」と叫び、タッチして助けてもらえるよう子どもの出番をつくっています。

2 RULES

かくれんぼ

ドキドキが不安にならないために

かくれんぼはもともと、小さな年齢でも楽しめるやりとりあそびです。歩き始めた頃の子どもがカーテンの後ろに隠れ、大人が「どこかな?」と声をかけるとニコニコと「ばぁー」と出てきます。そんな時期から、「どこかな?」と声をかけられても顔を出さずにオニが来るのを待っている時期、隠れた場所が見つけられるのを期待して楽しむ時期、相手に見つからない隠れ場所を探せる時期、さらには「ぼくがオニになるよ」と役割を交代し、じゃんけんでオニ決めをする時期――。年齢によって、子どもたちのいろいろな姿が見られます。

しかしパーチェに通う子どもたちにとって、かくれんぼはとてもむずかしいあそびのようです。子どもたちは年齢にかかわらず、壁を向いて後ろ向きになり目を手で隠して「もういいよ」といったり、見つかっても「もう一回!」とまた同じ場所に隠れたりします。つまり、相手から自分がどう見えているのかがわからなかったり、姿が見えなくなると相手の存在さえわからなくなったりするのです。

ですから普通にかくれんぼをすると、この子たちはすぐに見つかってあそびが終わり、みんなとあそぶ楽しさをなかなか実感できないのだろうと想像します。パーチェでは、こうした子どもたちもかくれんぼを楽しんでいます。

こんなふうに あそんでます :)

子どもたちは職員のオニに見つからないように、思い思いの場所に隠れます。実際には見えていても、オニには見えません。

オニが「誰かいますか～？」と声をかけると、トランポリンの下から「神さまです～」と高い声が返ってきました。その近くからも「まんまんちゃんです～」。

オニはひと通り探しまわり、しばらくして声をかけます。「なーんだ、そんなところにいたのか！　わからなかった！」

オニ役の職員の声で、子どもたちの「してやったり！」の笑顔が見られます。そして子どもたちから「もう一回しよう！」という声を引き出すことが、オニの目標です。

3 RULES

ネイチャービンゴ

どんぐりや葉っぱなどをみんなで見つける外あそび

「一番かどうか」という二分的評価に敏感な発達の時期になってくると、普通の山道探索では友達より先を急ぐ競争となりがちです。友達と共感関係を深めてほしいのに、「一番」に注目しすぎてあそびを楽しめなくなりそうなとき、探索に目的をもてるような活動を用意します。

その一つがこのネイチャービンゴです。台紙にビンゴゲームのようなマスをつくり、どんぐりやきれいに色づいた葉っぱ、松ぼっくり、ベンチ、小屋、遊具など山道探索で見つけられそうなターゲットの絵を描きます。子どもたちがそのカードをもち、散策中にターゲットを見つけたら、そのマスにシールを貼っていくあそびです。

子どもたちがそれぞれ自分の目的をもちながら、友達も

同じ目的をもっているというほどよい距離感をもてるよう、職員が支えています。最初に見つけた子どもには「お友達にも教えてあげて」と声をかけます。すると「ここにあったよ」と友達に教えて張り切っています。集団のなかで自分の出番があると感じられる場面です。

「ビンゴの絵のものを見つけた」という小さな達成感を積み重ね、「ビンゴカードがシールでいっぱいになった」という大きな達成感につなげていきます。

「こんなに見つけたよ」

「○○ちゃんが見つけたものはどこにあったの？」

などと、それぞれのすてきなところを認め合える経験も大切にしています。

こんなふうに　あそんでます

台紙にマスと絵をかいてカードを用意しておきます。マスの数は4マス、9マスなどグループに応じて変えています。絵も確実に見つけられそうなものにして、始める前から不安になったり、失敗したりしないように留意します。

子どもたち一人ひとりがそのカードをもち、山道散策をスタートします。きちんとビンゴのマスをそろえるのが目的ではありません。同じものをたくさん見つけて、一つのマスにシールがたくさんあってもOK。また「こんなものがあったよ」「ほかのどんぐりも探してみよう」など、ターゲットを幅広くゆるやかにすることも大切です。

なかなか見つけられない子どもには、大人がヒントを出しながら探していきます。どうしても見つけられないでいる子どものそばでは、職員がこっそり特別などんぐりを見つけてポケットに忍ばせます。そして、一人になった場面で見つけやすいところに置き、「なんか、この辺があやしいな～」と誘いかけていきます。

同様の趣旨のあそびにはほかに、写真の場所を探すオリエンテーリング、パズルのピース探しなどもあります。

4 RULES

大きな木の物語づくり…

「戦いごっこ」から共同作品づくりへ

不器用ゆえに、道具を使ったり絵を描いたりするのが不安になる子どもたちがいます。机といすが用意されて「さあ、つくりましょう」とうながされても、「上手にできないかもしれない」と思うと手を出せなかったり、わざと雑に取り組んだりします。また「自由に表現していいよ」などといわれても、どうすればいいのか困る子どももいます。

こうしたとき私たちは、登場するものや場面設定などへと発想が豊かに広がっていくよう、少しの手がかりを提供しています。このあそびは、子どもたちの興味があることから発想を豊かにできるよう誘いかけた取り組みです。

競わずにできることは……

5歳児クラスのしょうくんとけんたくんは、どちらも「強い自分」「かっこいい自分」にあこがれています。そしていつも職員に「戦いごっこ」を挑みます。手先が器用ではないため、粘土あそびやお絵かきは好みません。最近は強さを誇示する剣など、かっこいい道具づくりが楽しいようです。

実はいっしょにあそびたい二人ですが、互いに何をつくっているのかとても気になっています。さらに焦りも出てきて、つくる道具があそぶためなのか競うためなのかもわからなくなります。そのため作業も雑になり、試行錯誤する余裕もなくなってきました。

そこで職員は、競わずにできる制作はないだろうかと考え、彼らの好きなものを思い返してみました。しょうくんはキノコに詳しく、けんたくんは虫博士です。二人がいっしょに楽しめるもの、共通するものとして「木」が浮かびました。

職員は大きな紙に木を描いて用意しました。そしていつもの「戦いごっこ」が終盤になってきた頃、虫やキノコの絵のパーツを療育室のあちこちにばら撒きました。

「この虫、知ってる！」

「もっと探そう！」

二人がパーツをたくさん集めた後、大きな木の絵の登場です。その木に、ストーリーを展開させながら集めたパーツを貼りつけてい

きます。
クモの巣を描き加え、そこにクモやカマキリを貼りつければ、「クモの巣に捕まったカマキリ」というストーリーです。木の根元にはキノコがたくさん生えています。また、クワガタが活発に動いているのは夜だから、と木の周りを黒く塗りました。こうして、同じ目的をもって作品が仕上がりました。

気持ちを自由に表現することで、それぞれの作品も「上手かどうか」ではなく「しょうくんがこれを描かはったんやで」とお互いを素直に認める姿が見られました。二人は後から療育室に入ってきた職員にも、絵のストーリーを説明していました。自分の行動をふり返り、相手にわかるように伝えようとするところにも、成長が見られました。

子どもの願いに寄り添う個別支援計画

COLUMN

児童発達支援事業は、一人ひとりに「個別支援計画」という、子どもや家族の意向をふまえて、発達を支援するための計画書を作成し、それに基づいて療育をすすめています。パーチェは、支援目標や支援内容以外に、日々の療育の記録から抜き取ったエピソードと、前回からの変化を子どもの様子としてまとめ、記しています。個別支援計画は、保護者と面接し、様子を共有しています。

乳幼児期の子どもは、自分の願いを言葉にできません。そのため、個別支援計画を子どもが見た時にどう思うか？　を考えたいです。

その時「そうだよ！　それを私は言いたかったんだよ」「先生、私の思いをよく言ってくれた！」という子どもの声が聞こえてくれれば、完成です。

〈子どもの姿のとらえ方〉

この間の報酬改定で、個別支援計画の内容の記載事項に変更がありました。5領域との関係性を明確にし、総合的に支援することと義務付けられたのです。

この5領域とは「健康・生活」「運動・感覚」「認知・行動」「言語・コミュニケーション」「人間関係・社会性」のことです。何か一つに特化するのではなく、総合的な視点で見ましょう、というのは大事なことだと思います。

しかし、この改定が「総合的な視点」につながるのかは疑問です。各項目を網羅しようと、細かく分けて課題を立てると、子どもの「できない」ところだけにスポットを当ててしまうことにつながらないか、気をつけなければなりません。

発達はその子の〝願い〟からスタートすると考えます。それは、子どもの好きなこと、得意なこと、楽しんでいることの中から見出すことができるのです。そのため子どもの姿をプラスとしてとらえたいと思っています。療育職員の見え方（とらえ方）は、保護者や園の先生の見え方にも影響してしまうと思うのです。

〈親の願いと子どもの願い〉

よく、親の願いと子どもの願いがずれていることがあります。それはそうです。「こうなってほしい」「本人が困らないようにしてあげたい」と親が思うことは当たり前のことです。

例えば「いすに座れるようになってほしい」という親の願いに対して、どのように応えるといいのでしょうか？

まず、その子は「いすに座りたい」と思っているでしょうか？　なぜ「いすに座ることができない」のか考えます。これはそれぞれの子どもの背景によって違います。同じ姿勢でい続けるというのは、筋力が必要です。身体がまだ十分でないと、姿勢を維持することが難しいです。

他にも「これから何が始まるのだろう？」と期待する気持ち、「僕もやってみたい」という気持ちが育まれているかどうか見てあげたいです。それ以前に、「大人はきっと楽しいことをしてくれるに違いない」「大人は私のことをわかってくれる存在だ」と思えるような関係性が築けているのかは大事です。

そう考えていくと、彼らに今何を大切にしてあげるべきか見えてくることがあります。同時に、「視覚的な刺激で気持ちが左右されやすい」「座って取り組む活動（指先や道具の操作）に不安がある」など、子どもたちの困り感も見えてきます。

子どもの姿を軸にして、つながりを意識しながら、「保護者の願いは、子どもの願いの延長線上にあるのだ」ということどう伝えるか?が大事になると思います。

それを、裏付けるのが、専門家の先生方が明らかにされてきた『発達の道筋』であると考えています。

気をつけたいのが、「なぜ、保護者は『いすに座ってほしい』と願っているのか?」です。お母さんの話を聞くと、「園で他の子と比べてしまってつらい思いをしている」「就学を目前に焦っている」ということが背景にあったりします。お母さんはそう思っていなくても、お父さんが厳しくて「させなくてはならない」になっていることもあります。そうした背景に目を向け、そこへの支援が大切です。

〈子どもの声を代弁した、計画であるために〉

子どもの成長、特に内面の成長は見えません。言葉や表情が少なかったりするとより難しく、親子のように毎日一緒に過ごしていると変化に気づきにくくなります。

私たち療育の専門家は、「すべての子どもは、日々発達する存在である」と確信し、そういった見えにくい変化に気づくことが大事だと思っています。

「人に興味ないんです」「コミュニケーションの力をつけさせたいです」と悩まれているお母さんがおられました。その子の姿を見ていると、確かに一人で転々と遊んでいるように見えました。しかし、療育をすすめる中ですべり台をすべった後、チラッと一瞬視線が合う姿が見られるようになりました。そして、数あるサーキットの中でもすべり台を繰り返す姿がありました。

お母さんに、「大人を意識する姿が出てきている」「自分の楽しい遊びをしっかり選んでいる」という姿を伝えました。

お母さんは「あれは、そういうサインなんですね。彼も選んでいるのですね」と驚かれました。「いま、彼が表現している視線、表現をしっかりキャッチし、選びたくなる遊びや大人が増えて、表現が膨らむといいですね」と確認しました。

しかし、成長はプラスの側面だけではありません。例えば、自我が出てきたから、「イヤイヤ」といって親のいうことを聞かなくなる。「大きい—小さい」「失敗—成功」が理解できるようになってきたから、「失敗したらどうしよう」と不安が強くなったり、今までできていたことをやらなくなる。というように、成長したからこそ、大人から見るとマイナスに見える行動が多くなることがあります。それも含めて「成長しているってことだよ」と確認し合いたいです。

〈子どもは、いろいろな環境の中で成長している〉

パーチェは、ほとんどの子どもが保育園、幼稚園等と並行通園をしています。そして、パーチェに来るのは週1回～多くて3回の2時間です。療育だけの姿、狭い範囲で子どもを見てはいけないと思っています。

療育の中で活動に向かいにくくなっている子がいました。保育園での様子を聞くと、園の行事の練習で、一生懸命で自分のキャパ以上に頑張っている状況だったりします。そういったときは、「頑張れ、頑張れ」だけでなく、少しほっこりできる時間を保障してあげたいです。また、大人に甘える姿を多く出している時は、家では弟が生まれ、保護者は環境の変化でいっぱいいっぱいになっていたりもします。

子どもは、いろいろな環境の中、人の中で生活していて、影響されています。一つの行動だけに着目するのではなく、他の場面ではどうなのか？　家での姿、園での姿など複合的に見てあげたいです。

〈その子について理解しようとする人の存在〉

彼らは発達の遅れやアンバランスさがあること、障害の特性（それに近いもの）があることで、日常生活の中で苦労していることや、生きづらくなっていることが多くあります。

保護者も子育ての中で、子どもの行動で悩んでいたり、SNS等のネットの情報で得た対応を実践してみますが、なかなかうまくいかなかったり、反対により問題が色濃くなったと疲弊されていることが多いです。

その多くの原因は、その子の〝ねがい〟が「わからない」または「特性を理解されない」ことが大きいと思っています。

最近、AIが課題を立てたり、計画を作ってくれるなどのシステムも出てきています。その背景には、業務量の増加があるのかもしれません。もしあるとすれば、早急に解決しなければならない課題です。ぜひ国に考えてもらいたいと思います。

しかし、「この子のねがいはなんだろう？」と悩み、考え、探ることが、私たち療育の仕事だと思うのです。

個別支援計画の役割

パーチェの個別支援計画は、保護者に、保育園や幼稚園の先生にも見てもらうようにお願いしています。連携でも共有させていただきます。

保護者や保育園や幼稚園の先生が個別支援計画を見て、その子のことが理解しやすくなる資料の一つになることを心がけています。

個別支援計画がその子の課題や目標になって終わってしまうのではなく、その子について説明するツールの一つでありたいと考えます。

個別支援計画に限ったことではなく、いろいろな大人が束になって、自分のことを考えてくれている、自分のことで悩んでくれている。そういう大人の存在が増えることで彼らの生きやすさにつながるのではないかと思うのです。

1年を振り返って
現在、療育に通っている保護者から

COLUMN

保護者からの声 1

正直なところ、通う前は保護者の交流や、親グループが面倒くさそうなイメージでした。みんな、似たような悩みを抱えて共感できるので気持ちが楽になったり、親としてもすごく助かっています。子どもも、パーチェは認めてくれるところという思いでいるようで、かんしゃくを起こして逃げることもほぼなくなり、対応にも余裕が出てきました。

（年長）

＊＊＊

「問題だな」と思っていた、わが子の行動（プールに入りたくない、水着に着替えたくない）にはちゃんと理由があるということが、だんだん理解できるようになってきました。療育に行くようになり、お友達との関わりがスムーズになってきたような気がします。よくおしゃべりもできるようになってきました。

（年中）

言葉で上手く伝えられない分、いろんな方法でたくさん表現してくれて、たまに大人にとって都合の悪い表現、かんしゃくなどの奥にも、ちゃんとした理由があるということがわかり、「わがまま」なんじゃなくて、子どもの奥にあるちゃんとした理由を理解しようとしていなかったことに気づきました。

＊＊＊

毎日忙しく過ごしているので物事をスムーズに進めたくもなるけれど、たまには思い切って時間を忘れて、子どもの気持ちを受け入れて生活リズムをチェンジしてみたり、良かれと思って子どものために作ったルールもたまには、破ってみたり、ちゃんとした子育てを考えるよりも、たくさん笑って過ごせる子育て方法を考えるようになってきました。

（年少）

第2章

パーチェの療育事例

1 日々の実践から

「もう1回したい！」と思えるあそびを広げて

1

しんくんは1歳10か月で療育が始まりました。歩行は獲得しています。歩いて室内のすべり台に向かうものの、怖いと感じたようで、すべるのはやめてしまいました。職員がすべり台の上からボールを転がしても興味はなさそうです。

どんなあそびだったら笑顔が出るのか、体に直接働きかけるくすぐりあそびや揺さぶりあそびをしていこう、と職員で話し合いました。その後、くすぐりあそびでだんだんとしんくんにニコニコ顔が見られるようになりました。うれしそうな表情とともに「あー」と声が出ています。とはいえ、なかなか視線は合いませんでした。

お母さんの願いは、「周りの子どものように『ちょうだい』といったら物を渡してくれたり、手をつないで歩いてくれたりしてほしい」とのことです。自宅での生活は、寝る前にテンションが高く、寝つくのに時間がかかり、夜中に何度も起きて、暗くても動きまわったり高いテーブルに上がったりしてしまうそうです。そのためお母さんには、毎日のしんくんとの生活で疲れがうかがえました。

「もっとしてほしい！」という気持ちを引き出したい

入園当初のしんくんは、エアートランポリンで寝転がるだけで笑顔がなく、職員がいっしょに乗ると体を寄せてくるものの、あまり表情が変わりません。くすぐりあそびではニコニコするのですから、身体全体を揺さぶるあそびも好きになってほしいところです。そこで、トランポリン、シーツそり、公園のブランコや室内の吊りブランコ、ボールプール、パラバルーン、「おすわりやっす」と歌いながら膝の上に乗せて揺さぶるあそびなど、しんくんが「もう1回してほしい、したい！」という気持ちになることを目標に療育を進めてきました。

療育を始めて1か月が過ぎた頃から、膝に乗っての揺さぶりあそびの際、職員が歌をやめるとのけぞって怒るようになってきました。膝から降りても再び乗りにきます。次のあそびに移ろうと思って職員が「もうおしまいにしよう」といっても、床に足を下ろさず「もっとしてよ」という強い意思表示をするのです。

その後、シーツそりやトランポリンなどの遊具にも、しんくんの「もっとやろうよ」という思いが広がり、同時に笑い声もよく出てくるようになってきました。

プールが始まり大好きなあそびが増えました。職員に積極的に抱っこを求めたり「まだ終わりたくない」と泣いたりするようにもなりました。自分の気持ちをどんどん表現するようになるしんくんを、職員はうれしく見守りました。ただ、お母さんへの甘えも強くなり、抱っこを求めたり、お父さんより「お母さんがいい！」と選んだり、自分の思いがかなわないと泣いたりすることが増えて、お母さんは「うれしいことも増えたけど、疲れます」と複雑そうでした。

その頃のしんくんは道具を使うあそびはまだむずかしい時期でした。片栗粉の粉の感触はいやだけれども、風船が手のなかでしぼんでいく感覚が好きでした。物を投げたり、床に投げて音を出したりすることがおもしろいと感じていて、自宅ではそれらの音が、お母さんのストレスになっていました。お母さんは「私が怒ると笑う」しんくんに「イライラする」とのことでした。

お母さんからその話を聞いてもすぐに解決する方法は見つからず、職員はいっしょに悩むしかありませんでした。私たちは「療育でしんくんの楽しめるあそびを広げていきましょう」と伝えました。

人との関わりが増えて

パーチェには週2回通園しながら2歳児で保育園に入園したしんくんは、人との関わりが増えました。好きな先生の手を引っぱる、友達と物の取り合いをする、自分の所属クラスを理解する、好きな音楽を聞く、散歩で先生と手をつないで歩くなど、積極的な姿が出てきました。自我はますます強くなり、したいことがあると、簡単にはごまかされなくなります。言葉はまだ出てきませんが、「泣く」「待つ」「動かない」「首を大きく振る」などさまざまな表現で自分の思いを出してきます。

人との関わりが心地よい療育や保育での経験が基盤になり、あそびがどんどん変わっていきました。楽しいことやうれしいことを、人に求める力がしんくんの世界を広げます。

しゃぼん玉あそびが好きになりました。職員がストローでしゃぼん玉を吹くとニコニコ。それまでは「しんくん、吹くよー」と職員が何度も呼びかけて、やっと視線を向けていたしんくんでした。それが自分から「もっと吹いて」と要求するようになりました。

また、しゃぼん玉がたくさん出たときと少ないときとで表情がまったく違ってきました。5個くらいのときは笑顔だけですが、たくさん出ると足踏みをしてうれしさを表現します。そしてしゃぼん玉の行方をじっと見て、見届けてから職員を見ます。吹き終わるたびに、ストローを職員の口にあてにきます。

職員がしんくんの両手をもって「ジャンプ」といいながら高い台から飛び降りるあそびも、大好きになりました。しんくんは台の縁ぎりぎりのところに立ち、職員に「落ちるぞ、落ちるぞ……」と期待のまなざしを向けます。

2歳児の3月には、それまで両足でジャンプしていたリズムあそびで、職員をまねて両手で「うさぎの耳」をして跳ぶようになりました。抱っこしてグルグル回る「時計」は職員から誘われてするのではなく、自ら職員に向かって「揺らして」と体を預けにきます。新聞紙を使ったあそびでは、破るだけだったしんくんが、全身に新聞紙をかけてもらい声をあげてよろこぶなど、笑い声が出るあそびがどんどん広がってきました。

職員の提案するあそびに期待感をもち、友達がしているあそびに「ぼくもしてほしいな」と要求するようになってきた変化と成長を、お母さんと確認しました。

発達は右肩上がりではない

子どもたちの成長を実感する一方で、保護者からは「こんなことを始めて困る」「確かに変わってきているのはわかるけれど、やりにくくなった」という声も聞かれます。しんくんのお母さんも同じです。また、発達の遅れがあるために保育園で友達のあそびと興味が違ってくると、一人であそぶ姿が増えたという話も出てきます。新年度で担任の先生が変わる時期や行事の時期にチックが出たり、登園渋りが出たりする子もいます。

発達するということは、決して右肩上がりではないのがわかります。周りで見ている園の先生や保護者にとっては、「どうしてこんなことするの？」と言いたくなりますが、子どもの行動には必ず意味があります。困った行動をなくすために「注意をする」「叱る」「がんばれという」だけでは、解決しないほうが多いように思います。その行動の裏にある、子どもの伝えたい思いを探る努力が、大人に求められます。一人でわからないときは職員集団、保護者といっしょに、また療育と保育園とが連携し、必要なら心理士やドクターとも連携して、子どもの願いを探りたいものです。

2 「慣れればなんとかなる」は本当か？

いおりちゃんは保育園の1歳児クラスに入園しました。お母さんは初めての子育てに悩みながらも、愛情をもって関わっていました。

園では、昼寝ができない、大きな音に不安がるなど「ちょっと過敏かな」というエピソードがありました。小さい子どもが初めての集団生活に戸惑うのは当然です。園でも「慣れればなんとかなる」「お母さんが仕事へ行って、保育士と過ごすことがわかれば大丈夫」と様子を見ていました。

成長によってやわらぐと期待していた過敏さは、なかなか変わらないばかりか、第二子が生まれたことで、むしろ強くなりました。毎日の登園時に園で大泣きする姿に、お母さんのつらさも増します。仕事との両立にも悩んだ末に、お母さんはいったん休職することになりました。

保育園でも「『がんばったらなんとかなる』でよいのか」と、いおりちゃんの過敏さを心配する声が大きくなってきました。そのため園としても発達相談をすすめ、いおりちゃんが困っていることについて保育園と医療機関、保護者がいっしょに考えていくことになりました。3歳児クラスになると保育園にはほぼ行けなくなってしまい、家庭で過ごすようになりました。

発達検査をしたところ、発達障害の可能性があることがわかりました。発達のアンバランスさや対人関係の不安をやわらげるために保育園から療育をすすめられ、パーチェに通うことになりました。

安心できる居場所づくり

まずは職員との関係を築くことを目標として、いおりちゃんの個別療育を始めました。お母さん同席で、大人といっしょにあそぶ時間は新鮮だったようです。しかし、過剰にがんばっていたのか、しばらくすると療育への行き渋りが始まってしまいました。職員は、いおりちゃんの好きそうなお店のおもちゃを持って家庭訪問をしました。自宅のぬいぐるみも使って「お店屋さんごっこ」を楽しみました。いおりちゃんは「つづきをする」と、次の登園につながりました。

その後も「気分がのらない」「お天気が悪い」などの理由で休むことがありました。休みが数日続くと再度家庭訪問で仕切り直して登園につなげる、ということをくり返す日々でした。

いおりちゃんの世界を豊かに

いおりちゃんはおしゃべりが大好きです。自宅ではごっこあそびを楽しむなど、生活で経験したことからイメージを豊かに広げてあそんでいました。

一方で、自分の気持ちをうまく伝えられないことに困っていました。療育中は楽しくあそんでいるように見えても、「こうしたい」「これはいや」といえず、モヤモヤとした気分になってしまいがちでした。

「先生はこうしたい！」と職員が駄々をこねてみせるなど、「本当はもっとしたいんじゃないの？」「もっとしてもいいんだよ」というメッセージを送り続けてきました。そして療育開始から1年半がたった5歳児クラスの半ば頃のことでした。

「もっとあそびたいから帰りたくない」

いおりちゃんは初めて自分の気持ちを素直にいえました。

よりよい自分になりたい

「0か100か」「できるか―できないか」と評価に敏感な発達の時期に入ってきたいおりちゃんは自分の価値に悩み始めます。職員のアイロンビーズ制作のほうがすてきに見えて、まったく同じ絵柄にしてしまったり、かくれんぼで見つかると「負け」ととらえてやめてしまったりする姿が見られました。

この葛藤を乗り越えるためには、「すてきな自分」を感じて「～だけれども」と気持ちを立て直す経験が必要です。あそびのなかでは「前はできなかったけれども、お姉さんになってきたからこんなことができる」「すてきな発想があるね」など、いおりちゃんのすてきなところを認めるようにしました。

また、いおりちゃんは「ちゃんとした自分でなければならない」という思いも強くあります。「大人も完ぺきではない。失敗もするし、やり直しはいつでもできる」というメッセージも、職員があそびのなかで手本を見せて伝えるようにしました。

保護者の悩みに寄り添って

過敏ないおりちゃんの子育てに、お母さんの悩みはとても多かったと思います。話を聞いたりいっしょに悩んだりしましたが、いまも答えが出ているわけではありません。とはいえ、「ありのままを受けとめる」ために、保育園や医療機関などのいろいろな人の助けが必要だったことは確かです。

「ぼくが一番」から、みんなのなかへ 3

自分の思いを語ることで内面を整理していくことは、大人も子どもも必要だと思います。

みことくんは4歳児クラスになった4月に、併行通園でパーチェに入園しました。

身体を使うことが得意。おしゃべりも大好き。そんなに強い自己主張もないし、初対面の友達でも輪に入ってあそべる。大人のいうことも聞いている。何に困っているのかな――。これが療育3回目までのみことくんの印象でした。保護者から「もっとすごいんです」と聞いていた職員は、どんな姿が出てくるのか、とドキドキしていました。

約1か月たって緊張が解けてきたようです。この頃から自己主張が始まりました。

「全部ほしい！」

「一番がいい！」

職員だけでなく子どもにも強く主張します。一方で、「友達といっしょにあそびたい」「集団のなかで主人公になりたい」という願いも同時にもっているので、「いっぱいがいい」といういわば独占的な願いとの間で不安になっているようでした。

ぼくが一番！　みんな、ぼくのいうことを聞いて‼

みことくんは、理解の力は年齢相応だけれども、自我の育ちに課題がありました。5月生まれの4歳児クラスの年齢ですが、自我については「いっぱいがいい」「一番がいい」と主張する2～3歳頃の発達に宿題を残しています。

公園では自分の得意なことを職員に「見て！」と存分にアピール。友達がサッカーを上手にすると、本当はいっしょにあそびたいのに「そんなん、ちがうし！」と否定的な発言をします。船岡山などの山道探索では一番がいいので先を競ってしまい、探索を楽しむ余裕がありません。

また保育園では、慣れた関係のなかで「ぼくのいうことを聞いて！」と、おとなしい友達を従える姿が見られました。

派手な行動の裏にある本当の気持ち

「強い自分」を表現したいみことくんですが、その裏側に自信をもちきれない様子も垣間見えます。みことくんが「かくれんぼしよう」と職員を誘ったときのことです。「みんなも呼びに行こうか」というと「やっぱしサッカーしよう」とほかのあそびにもっていきます。自分の提案がみんなに受け入れられるかどうか、心配になってしまうようです。

また、友達がつくった色水を自分にも分けてほしいけれども、わざとふざけて素直に頼めません。職員が「この（紙の）お金をもっていったらもらえるよ」と「お店屋さんごっこ」に見立てると、関わり方のヒントを得ることができて「ちょうだい」とストレートに注文し、もらえると満足げな表情でした。

時には、職員といっしょに座りたくて確保していたバスの席にほかの子が座ろうとすると手が出そうになるなど、本当の願いを表現する方法が不器用なみことくんでした。

「ぼくはわるい子」

できることがたくさんあって、どちらかというと早熟なタイプなのに、なぜこんなに不安なのか。

不安な気持ちを強い口調や行動で表現してしまうので、周りからは誤解されやすいタイプです。そのみことくんがおやつの時間にふと、よくいっしょにあそぶたけしくんにいいました。

「おまえも保育園で悪い子なんか？　だからパーチェに来てるんか？」

職員は「ええー!!　そんなこと思ってたん!!」とびっくり。保護者に尋ねると「お友達とケンカしてしまうのを治すためにパーチェに来ると伝えた」とのことでした。

ケンカになってしまうのはダメなこと、そんな自分はダメな子と思っていたのでしょう。本当の自分は友達といっしょにあそびたいだけなのに、でも「一番でないと不安」「できる自分でないと不安」と悩んでいたのでしょう。

とにかくあそぼう！

みことくんは活発なところが長所です。公園のちょっと怖い遊具に挑戦したり、山道を駆け抜けたり、とにかく満足するまであそびこむ経験を大事にしてきました。

最初はみことくんの一方的な関わりで、相手にされないと「誰もぼくとあそんでくれない！」と極端なとらえ方になりがちでした。友達との行き違いもありましたが、「みことくんはいっしょに遊びたかったって思ったんだね。□□くんは△△って思ったんだよ」と、互いの思いを整理できるよう職員が間をとりもちました。

5歳児クラスの半ば頃には、山道探索で「ぼくが隊長になってあげる」と張り切ったり、吊り遊具に乗っている友達に「押してあげようか」と手伝ったりするなど、相手の思いも理解しようとする姿が見られるようになってきました。

療育の最終日には特別に、近くのお店に好きなおやつを買いに行きました。以前の彼なら、全部自分で食べることを求めたでしょうが、その日のみことくんは「今日が最後」と感慨深いものがあったようです。自分から「ひとつあげるわ」とたけしくんに分けていました。それに応じてたけしくんもひとつ分けて交換し、二人ともとてもうれしそうな表情でした。

「ぜったい、ぼくがいちばん！」の気持ちから「みんなのなかで、手応えのある自分」へ

「できるか—できないか」「一番かそうじゃないか」という二分的評価に敏感な子どもたちがいます。友達とつながりたいけれども、互いの思いを尊重し合うことが得意ではなく、集団になじめなくて困っています。それが大人には「集団から離れる子」「友達に強くあたる子」と映るのかもしれません。

子どもの言動がそのまま本当の願いかというと、そうでない場面もよくあります。子どもは大人の想像以上に、うまく関われないことに悩んでいるのです。「〜だけれども」と自制心、自励心を育むためには、まずは自分が認められたり、受けとめられたりする経験が必要です。

私たちも「上手にできるかどうか」という出来栄えを評価する価値観から離れ、「こんなところがすてき」と本質的なところを認めるよう心がけていきたいと思います。

4 あそびのなかで出てきた要求

みきちゃんは2歳児。療育の見学時は視線が合いにくく、名前を呼んでも振り返りませんでした。初めて来た場所で、初めての職員に対してもまったく抵抗なく、お母さんを振り向くこともなく、おもちゃであそんでいました。

個別支援計画をつくる

療育では子どもの姿を見て、さらに保護者の願いを聞いて「個別支援計画」を作成します。保護者の願いは「言葉が出てほしい」ということでした。見学時のみきちゃんがあそぶ様子を見ていると、走ったりジャンプしたりできるけれども、「できた！」というよろこびの表現が見られず、「見て！」と大人にアピールすることもありませんでした。それは、一人で黙々と動く姿でした。

手の操作では、道具に興味をもち始めているものの、目と手の協応がむずかしく、自分のしたことへの素材の変化を楽しむまでにはなりません。そのため、あそびがすぐに終わってしまうようでした。

大人や友達には、あまり関心がない感じです。でも身体をくすぐられると、もう1回してほしいと期待する視線を職員に送ったり、友達が遊具に向かったときに後を追ったりする姿がありました。

その姿を通して、次のような個別支援計画を立てました。

1. 大好きな身体を使った活動を通して、「見てみて」「いっしょにしよう」と大人に伝えながら、あそびを広げる。
2. 紙、砂・粘土・水などに手指で「ちぎる」「引っ張る」「入れる」「出す」などの操作をして、その変化を大人が声をかけていっしょに楽しむ。
3. 「わたしが○○したら先生は□□してくれるかな」という期待感が高まるようにうながす。
4. 好きなあそびを「もう1回したい」とくり返し要求できるようにする。

笑ったり、泣いたり、怒ったりと、感情があふれてきた

みきちゃんは「物と自分」の世界から、少しずつ人に関心をもち始めてきていました。職員が「マテマテー」と追いかけあそびをすると、うれしそうです。でもまだ、「もう1回してほしい」という要求まではいきません。あっさりとあそびが終わることもよくありました。

それでも、職員が提供するあそび（エアートランポリン、段ボールの家での「ばぁ」あそび、ボールプール、シーツブランコなど）に、どんどん興味を示してきた手応えを職員も感じます。

ある日、シーツブランコが大きく揺れると大笑い。シーツから降りても、ほかの子がシーツに乗っ

ているのを見て、また乗りに行きました。追いかけっこをして、捕まえたらくすぐるあそびも大好きになり、部屋を一周走って職員が来るのを待つようにもなってきました。また、『ぴょーん』（まつおかたつひで、ポプラ社、2000）という大型絵本が好きになり、職員が読んでいる間、しっかり見ています。動物が両足飛びをしている絵に合わせて「ぴょーん」といい、職員が抱っこでみきちゃんを高く飛ばすと笑顔。その絵本を職員が片づけると、みきちゃんがまた持って来て、指さしをして「ほん」と、要求の言葉が出てきました。

入園から3か月たった頃、友達の持っているもの、やっていることに興味が出てきます。うれしいときに笑い声が出たり、自分の思いが通らないときに泣いたり、怒ったりと、表情も豊かになってきます。療育のなかで、ちえちゃんが使っている赤い風船がほしくなったみきちゃん。「こっちもあるよ」と別の色の風船を見せても、泣きながら「あか～」といい続けます。しっかり選んで主張し、大人の簡単な言葉がけや物にはごまかされません。そうしたうれしい姿が、いろいろな場面で見られるようになりました。療育に通い始めるまで、お母さんはよく動くみきちゃんを追いかけるのに必死だったとのこと。迷子になりそうなときもよくあり、大変だったそうです。いまは、自分の思いが強くなったことから、生活の切り替えが大変だということでした。

友達とおもちゃを引っ張り合う

友達がたくさんのボールをカゴに入れていました。それが『いいな』と思ったみきちゃんですが、取りに行くと友達から「いや」といわれて、泣いてしまいました。それまでのみきちゃんは、相手に拒まれるとすっとほかの場所に行ったり、無理に自分のものにしたりしていたのです。それが、あるときは友達とおもちゃを引っ張り合う姿がありました。

マルチパネル（大型ブロック）で職員が車をつくると、そこに大好きな絵本をもって乗ってきます。友達がそこに乗ってきて車づくりに参加しても、みきちゃんは関係なく絵本を見ています。タイヤやハンドルをつけていざ出発！　車が動き出しますが、それほど表情は変わりません。みきちゃんにとって、その車は絵本を見る場所に過ぎなかったのかな、と職員は思っていました。

次の登園日に職員がまたマルチパネルの車を準備していると、すぐにみきちゃんが乗ってきました。そのとき手に絵本はありません。職員がトンカチのブロックを渡すと、友達が前回やっていたように車をトントンたたき始めたのです。ハンドルもつけて車ができ上がると、「ぶーぶー」といってハンドルを回し、運転を始めました。そこで職員が「バイバーイ」と手を振ると、じーっと見たあと片手を上げ、手を振り返したように見えました。

「お友達のしていることを、しっかり見ていたんだね」

その場にいた職員らが互いにうなずき合いました。

気持ちを育てる

言葉が出てほしい。これは保護者みなさんの願いです。言葉は自分の思いを伝えることができる道具。なぜ怒っているか、なぜ不安なのか、なぜ大人のいうことを聞かないのか、わからないから大人も不安です。パーチェに来ている子どもたちのなかには、好きな車や電車の名前（かなりむずかしい）も図鑑を見ていえる子がいますが、そうでありながら「いや」「わたしの！」「こっちがいい」などの言葉が出てこない子どもがいます。知っていることと、コミュニケーションとして使える言葉は、どうやら一致しないようです。

ある小学5年生の子どものお母さんから、こんな話を聞きました。

その子は雨が大嫌いで、雨の日に幼稚園や学校に行くことをずっと嫌がっていました。その一方、とても電車が好きで、電車の名称はたくさんいえます。でも、自分の思いや気持ちを表す言葉はなかなか出てきません。そのため泣く、かんしゃくを起こす、黙ってしまう、ということがよくありました。お母さんは、わが子がなぜ怒っているのか、想像するしかありませんでした。

お母さんは最近、わが子に聞いたそうです。

「シャワーはいいのになぜ雨は嫌なの？」

「シャワーは出てくる穴が見えるけど、雨はどこから出てくるのかわからないから、怖い」

こんな言葉で不安の理由を言える力がついてきて、「そういう思いだったんだ」とわかったそうです。人に伝えたい、という気持ちをしっかり育てることは大事です。絵本やタブレットで、これは「リンゴ」、これは「ゾウ」と学んでも、自分のなかで記憶として残るだけではさみしいです。パーチェでは、〝大好きな大人や友達に伝えたい〟という気持ちがふくらむ療育を大事にしたいと思っています。

COLUMN

保護者からの声 2

パーチェを卒園された先輩の保護者から

　身体に障害があり、赤ちゃんの頃から治療、訓練と頑張りましたが、病院で発達遅延を指摘され、通い始めました。

　最初は、療育がどんなところかよくわからず、ドキドキしながら通っていましたが、温かく迎えてくださる先生方、気の合うお友達に恵まれ、「明日はパーチェ？」と毎日聞くほど、楽しみで、なくてはならない場所になりました。

　パーチェでの活動を見て思うことは、のびのびできる環境で自分らしさを認められながら、本人に合わせた活動により、子ども自身が満足感（達成感）を得られることの大切さです。

　保育園でも、たくさん配慮していただいたし、良くしていただきましたが、活動内容などわが子にとってはハードなものもあったように思います。

　病院での個別訓練は、親からすると発達面での効果を感じましたが、本人にとっては目標に向かってこなすタスクのように感じられるようで、大変だったと思います。

　そんな中で、自由度の高い療育において、自分自身を目一杯表現しながら活動できることが、自信やチャレンジ精神へとつながり、パーチェではもちろん、他の場所でも前向きに取り組み、成長へとつながりました。

　また、子どもだけでなく、親への支援もありがたかったです。

親だからといって、わが子のことをなんでも理解していることもなければ、困り事に対して上手に対応できるわけでもありません。

子育てや発達面に関して相談にのってくださり、保育園とのやり取りで間に入って対応していただけて、とても助かりました。

子育てに関して、さまざまな情報があふれている現代ですが、知りたいことの肝心なことは見つからなかったりします。療育の先生方は、子どもたちと実際に関わって、直接情報をもっています。子どもの成長に関してあれこれ思い悩んだりもするかと思いますが、自分だけで抱え込まず、どんどん頼って良いと思います。

療育を通して人とつながり、毎日大変ですが、今の子育て期間をできるかぎり楽しんでいただきたいと願っています。

＊＊＊

年少から年長まで3年間お世話になりました。幼稚園と並行して週1回お世話になりましたが、この3年間でとても成長してくれたと思います。

年少の頃は、上手く言葉で伝えることもできないし、かんしゃくを起こすことも多く、お友達と遊ばせるのも一苦労で、泣きわめくわが子の対応に疲労困憊の毎日。

週1回のパーチェは、母子ともにホッとできる場所になっていました。

子どもの不安な気持ちや、わかって欲しい気持ちに寄り添ってくれるパーチェだから、子どもたちはパワーをためて、勇気をもらって、少しずついろいろなことにチャレンジしてみたり、毎週とても楽しみに通ってくれたと思っています。

パーチェの先生の関わり方を見て、本当に温かい気持ちになって、ただでさえプレッシャーを感じたり、失敗したくない気持ちも強い子だったのですが、いろいろな気持ちを受け入れてもらって、心身ともに自信ができたのだなとうれしく思っています。

関わり方もとても勉強になりました。友達と遊びたいとか、すごい！と思われたいとかの子どもの気持ちが満たされるように、あの手この手で気持ちを満たせるような遊びを作っていただき、ありがとうございました。

これからも、子どもが夢中になれる時間、たくさんつくっていこうと思います。

＊＊＊

3歳児健診で療育をすすめられて、通うことになりました。

初めは不安でした。

成長が遅れている、育て方を間違えたのかな……と。

保育園では、同じ年の子どもたちが、明らかに自分の子どもよりも言葉が多い、表現力の違い、成長の違いに、自分の子が遅れていると確信し、悲しく不安でした。

そんな中、パーチェが親子の癒しになっていました。

3年間通い、子どもはパーチェが大好きで、言葉の数も増えて、気持ちも伝えられるようになってきて、団体生活で少しずつ楽しめるようになってきました。

私自身もたくさん相談にのっていただき、助けていただきました。不安同士のお母さんたちとお話することも安心できるひとつでした。

一人で悩むよりもいろいろな人とつながり、方法を知ることが子育てにとって大切だと教えてもらえました。

＊保護者の待機室で誰でも閲覧できるように置いているファイルがあります。そこに寄せられた感想から抜粋させていただきました。

2 関係機関との連携

子どものことを共有するために

1 保育園で先生と一対一の関係から友達のなかへ

1歳8か月でパーチェに入園したりょうちゃんは、くすぐりあそびや揺さぶりあそびに大笑いして楽しんでいました。乳児期後半の発達の姿で、ハイハイ、つかまり立ちの頃です。職員が「ボールちょうだい」というとボールを差し出しはするものの、まだ手から離すことがむずかしい様子でした。

2歳児まで週3日通園しました。体幹の弱さはありますが、2歳頃から数歩歩き始め、自分の行きたいところに大人の手を振り切って進む活発な姿が見られるようになってきました。「いや」と自己主張もします。そして、大人だけでなく「友達といっしょにいるのがうれしい」という気持ちもふくらんできたようでした。

自分のクラスに戻れないのは……

障害があるけれども、幼児期は同年齢の友達のなかで過ごさせたいとのお母さんの願いで、3歳児から保育園とパーチェの並行通園が始まりました。

りょうちゃんに対して3歳児、4歳児、5歳児と、毎年保育園と連携をしてきました。保育園では3年間加配保育士がつき、りょうちゃんはいつも横にいる先生が大好きでした。

ただ、3歳児クラスに所属しているものの、りょうちゃんは2歳児の保育室によく行っていました。「クラスに帰ってきてほしいけど、自分の好きなことから切り替えられるようにするにはどうしたらいいか」と悩んでいた担任の先生から相談がありました。

絵カードを用意して提示し、「自分のお部屋に帰る時間だよ」と伝える方法を考えたとのことです。その方法についてお母さんは「それで見通しがもてるのだろうか」と少し心配でした。保育園も決して人的余裕があるわけではありません。りょうちゃんのペースに合わせられない時間もあります。りょうちゃんに自分のクラスに戻ってほしいという担任の願いも切実です。

その頃パーチェでのりょうちゃんは、好きなあそびを「もう1回」と要求するようになり、「こっちではない、こっちがいい」と選ぶ姿が出てきました。言葉は単語が中心です。保育園でもクラスのなかでりょうちゃんが好きなあそびを選べるようにすることにしました。

言葉だけで二つから一つを選ぶことはまだむずかしく、目の前に見えている世界がすべてという時期で、目に見えないことを想像できる力は（言葉の力も）まだ育っていませんでした。また、「自分の〜がいい！」「〜だ！」と主張が出てきているけれども、大人の言葉を聞いて選択するには、もう少し発達を待ちたい時期でした。

だから大人は絵カードで行動をうながしたくなるのですが、それは、見通しがもてるようにといいつつ「誘導する」ことにつながりかねません。りょうちゃんがなぜ2歳児クラスを選んでいるのかを保育者が考えなければいけません。いったんは誘導しても、それが本人の願いと合わないとき、①自我が育たない、②そこに楽しさがなければストレスを強める、③大人との「〜させられる」関係が強まる、ことが危惧されます。それらが積み重なることで保育園を嫌いになれば、子どもも保護者もつらくなります。

また、身体が小さいため、3歳児クラスの友達が走り回る雰囲気はりょうちゃんにとって不安なのかもしれません。

そこで担当の先生に、この年のりょうちゃんの目標を「3歳児クラスにこだわらず、安心できる場所や時間をつくることで、保育園が行きたくなる場所になるようにする」「本人が自分で選んで行動できる力を育てる」ことにしてはどうか、と伝えました。

体制上どうしてもクラスに戻ってほしいときもあります。そのときは、クラスのなかでも安心して過ごせるように、りょうちゃんの好きな音楽や絵本を提供して部屋に戻ることをうながす方法を提案しました。

担任の先生からは「りょうちゃんの気持ちを大事にしたい」との返事がありました。

強くなった先生との関係

4歳児クラスになった頃、パーチェでのりょうちゃんは、周りの友達の姿をよく見るようになりました。それまでのようにすぐにはあそびに入らず、部屋の入り口でじっと見ている時間が長いのです。多人数の集団への不安だけでなく、自分が友達のように「できるかな―できないかな」という葛藤が出てきたのです。特に手先を使う活動をためらう姿が見られました。

また、「自分が！」「自分の！」「いっぱいがいい！」と物を抱えます。一方で、りょうちゃんより少し小さい友達に対して「お手伝いしてあげて」とうながすと、張り切る姿も見られました。

保育園で、りょうちゃんが先生とままごとをしていました。りょうちゃんはままごとが大好きです。鍋にフードを入れて料理をしているつもりで、先生と向かい合って楽しそうにおしゃべりしています。その後、ままごとに女の子が参加します。りょうちゃんは自分と先生との関係に入り込んできたその子の存在が不安そうです。女の子は上手に鍋や包丁を使い、先生にも話しかけます。さらに、りょうちゃんが使っているものをさっと使ったり、どんどん指示をしたりしてその場を仕切り始めた頃、ついにりょうちゃんは別の場所に移動してしまいました。

その時期のりょうちゃんの発達は、友達と自分を比べる時期に入りかけていました。言葉の発達は単語が中心で、二語文（○○いた、○○ほしい）で表現していました。友達のペースやおしゃべりに圧倒されてしまい、友達に「～してあげる」ことで「大きい自分」を感じたかったのに、自分の出番を得ることができなかったのではないでしょうか。

世話好きな4歳児集団とりょうちゃんの葛藤

4歳児クラスの子どもたちは、りょうちゃんを「かわいい」といって、よく世話を焼いていました。大人の手を振り払って「自分でしたい」と主張する療育での姿を保育園の先生たちに伝えて、りょうちゃんが友達に世話をしてもらっていることをどう感じているのか、友達とどんなあそびをしたいと思っているのか、いっしょに考えました。4歳児のあそびにりょうちゃんをどう入れるのかではなく、りょうちゃんが好きなあそびから友達と共感できる時間をつくる方向で話し合いました。

たとえば、縄跳びは両足跳びができないりょうちゃんにはむずかしいけれども、縄を使ういろいろなあそび（電車ごっこやロープの道を歩くなど）をみんなで楽しんだり、多人数ではなくりょうちゃんが安心して関われる三人くらいで音楽に合わせて歌ったりするなど、りょうちゃんが保育士と二人の空間で安心するだけでなく、保育士を介して友達とあそびでつながるよろこびを味わってほしい、と伝えました。また、クラスを越えて自分より小さい年齢の友達の手助けをするような場面で、りょうちゃんのお兄ちゃんになりたい願いをかなえることができないか、という提案もしました。

5歳児クラスになると、それまでよりもさらに周りと自分を比べる発達の時期に入ったために、葛藤はより強くなり、保育園への行き渋りや、わざと大人を困らせるような行動（物を投げる、てこでも動かないなど）も出るようになりました。その行動の意味を発達的に理解しようと、保護者、保育園、パーチェで確認しました。

同じペースで楽しめる友達関係のなかで

就学してからは、育成学級と放課後等デイサービスで自分の力を発揮しています。放課後等デイサービスでは、高学年や中学生のお兄さんに「待て待て」と追いかけられることがうれしく、学校では同じペースで学習やあそびを展開できる友達がいる環境があります。「わざと大人を困らせる行動」は見られなくなり、学校や放課後の生活を楽しみにして毎日を過ごしています。

行事の時期がとても不安だったりょうちゃんゆえに、ひときわ運動会を心配していたお母さんでしたが、無事にダンスやかけっこを楽しんだそうです。

すてきな自分を発見できる

大人は「集団にちゃんと入ってほしい」「お友達と仲よくしてほしい」と願います。でも、子どもはどう感じて保育園の集団にいるのか、友達に対して何を感じているのか、改めてりょうちゃんから学びたいと思います。

「お友達のようにやりたい！」

「お友達といっしょがうれしい！」

「お友達に対して〜してあげたい！」


そうした願いが実現するからこそ、仲間になりたいと思うのではないでしょうか。友達のなかで、できない自分ばかりを感じて、かっこいい友達に対してかっこ悪い自分が見える毎日はつらいものです。ハンディがあるだけに、どうがんばっても「上手」にはならない、「お友達のように速くできない」「お友達のようにうまくしゃべることができない」――。そんなふうに感じてしまうパーチェの子どもたちです。

子どもたち自身が自分のなかにすてきな自分を発見できる、そのために、大人みんなで力を合わせることが必要です。「できないことをできるようにさせる」方向では、どこまでも、友達と自分を比べる世界から抜け出せません。

2 幼稚園に行きたくない本当の理由

幼稚園の5歳児クラスに通うゆうちゃんは、運動面や言葉が3歳頃の発達の姿でした。お母さんの願いは「本人が無理をせずにありのままで楽しく過ごしてほしい」というものでした。そのゆうちゃんに「幼稚園に行かない、一人でお家にいる！」と、行き渋りが始まりました。とても心配したお母さんの希望で、幼稚園とパーチェとで連携をしました。

幼稚園で何が不安なのか

まず、パーチェの職員が幼稚園を見学しました。ゆうちゃんはリズムあそびが好きなようです。リズムあそびが始まるといろいろな動物になって笑顔がいっぱいでした。でもそのうちに「4人で集まって」「8人で集まって手をつなぐ」となってくると、リズムにスピード感が出てきます。「4」「8」の数はまだゆうちゃんにはわからないのですが、ゆうちゃんは周りの子どもたちのリードで動きます。それなりにみんなで動くことを楽しんでいました。

お絵かきは、隣の友達の絵をまねて花を描いていましたが、すぐに「おわる」とペンを片づけに行っていました。

園庭で自由にあそぶ時間になると、ゆうちゃんは何をしていいかわからない様子でうろうろ歩きまわっています。友達がトランポリンを跳び始め、かっこいいところを先生にアピールします。ゆうちゃんはそれをまねて跳ぼうとしましたが、うまくできず、結局友達のかっこいい姿を見ることになってしまいました。

やがて見ているのもいやになったのか、その子のそばを離れます。すると、その子がゆうちゃんを追いかけてきました。いっしょにあそびたいようです。ゆうちゃんは自分のペースにならないためにちょっと困っているように見えました。

木の実を集めていた子がいました。上手―下手を感じなくてもいいあそびです。見学していたパーチェの職員がそのあそびに二人を誘ってみました。二人は笑顔でたくさん実を集め始め、ゆうちゃんもうれしそうな表情になりました。

担任の先生の願いと悩み

担任の先生によると「ゆうちゃんはお友達を避けるんです。最初のうちはペースが合うお友達ができて、ゆうちゃんと楽しくあそぶ姿があったのですが、だんだんあそびや興味が違ってきたようです。いまは『見ているの』と、お友達とあそばずにずっと見ていることが多くなりました」とのことでした。

そして「お友達を避けてほしくないし、ゆうちゃんにどんなふうにお友達関係をつくってあげたらいいのか、どうしたら幼稚園が楽しくなるのかなと考えているけれど、ゆうちゃんの楽しいと思えるあそびとお友達の興味あるあそびが違ってきたことや、言葉の理解、運動発達のゆっくりさから、関係がつくりにくくなってきています」との話でした。

パーチェでは自分を強く主張する

パーチェでのゆうちゃんはこの頃、大人側の提案を拒否し、自分のしたいことを強く主張する姿がよく見られました。また、特定の友達に対して仕切ろうとする姿も増えていました。自分から「こうしよう」「ああしよう」と提案をします。ペースの早い子がいるとその場を避け、ペースが合う友達だと張り切ってあそびをどんどん展開していました。

ゆうちゃんは「幼稚園に行きたくない」と口にしますが、単純にいやな場所という意味ではなさそうです。友達と楽しくあそびたいけれども「わからないあそびが不安」な気持ちや、友達と自分の出来栄えを比較する発達の時期ゆえの「友達と比べてかっこ悪い自分を見せたくない」という気持ちが、「行きたくない」につながっているのではないか——。こうしたことを、幼稚園の先生たちと話し合いました。

ペースの合う友達とどうあそびをつなげていくのか

ゆうちゃんは、友達とつながりたくないとは思っていません。でも、同年齢だけだとどうしても相手のペースになり、言葉の理解、ルールの理解、上手―下手を感じて不安が強まるのです。パーチェで見せている「自分があそびをリードしたい」という願いを、幼稚園のなかでも実現したいと思っているのではないでしょうか。

それを幼稚園の先生に伝えました。たとえば、園庭でいっしょにいる3歳児クラスの子どもたちにあそびを教えるような場面をつくったり、園全体の先生の手伝いを用意したりすることなどを提案しました。さっそく園全体でゆうちゃんの願いを共有した先生たちの実践により、ゆうちゃんの出番が実現しました。

安心のきっかけになるあそび

職員がずっとそばに寄り添うことは、幼稚園の職員体制や加配の現状ではむずかしいことです。またそれは、ゆうちゃんの発達の時期に必要なことではないでしょう。

他人と比べての上手―下手に敏感になっている発達の時期だからこそ、上手―下手を気にしなくていいあそびがゆうちゃんの安心になります。お絵かきやトランポリンはどうしても上手―下手がわかりやすいあそびです。大人は友達と安心してあそべるきっかけを用意したいと思います。

ごっこあそび（生活再現あそび）が好きなゆうちゃんです。しかし、5歳児の発達の子どもたちとゆうちゃんとでは獲得している言葉の量もスピードも違うために、ゆうちゃんには友達の「ごっこ」の展開がわからないことが増えてきます。女の子はごっこあそびが好きと一般的には思いがちですが、実は想像力が必要なあそびです。「見立てる」「つもりになる」ことはなかなかむずしいことです。加えて、そのイメージを友達と共有する力が求められます。

ゆうちゃんがごっこあそびで「つもり」になりやすくなるように、イメージを助ける道具（生活で使う台所用品や絵、品物）を用意したり、友達の言葉の意図を伝えたり、ごっこあそびの展開や役割を大人が支えることで、あそびをわかりやすくする支援の必要性を伝えました。

幼稚園の先生はその後、ゆうちゃんの療育の様子を見にパーチェを訪れました。幼稚園とパーチェのどちらの姿も関係者みんなで共有できたことで、ゆうちゃんの願いがみんなのものになったと思います。

3 わが子のためにと一生懸命だったのに……

たかしくんは人なつこく、電車や乗りものが大好きです。一方で衝動性が強く、音や視覚の刺激に対して過敏です。「物を取られる」「邪魔される」などの不安から友達への強い警戒心もありました。父も母もお互い仕事が忙しいため、お母さんの子育ての負担も重いものでした。保育園はお母さんの主な相談窓口になっていて、生活も含めてていねいに相談に応じておられました。

児童相談所やケースワーカーと連携をとった保育園から、お母さんの子育ての悩みや相談できる場所を増やすこと、たかしくんが安心してあそべる場所をつくることを願って療育をすすめられ、3歳児から週1回パーチェに通い始めました。

安心できる関係づくりを大事にして

たかしくんは「ぼくの」「全部がいい」など自我もふくらむ発達の時期にいます。そのため、思いが先行して相手に攻撃的になることもあり、保育園では友達との関係で行動を止めざるを得ないことがよくあったそうです。園では担当の保育士がそばについて、たかしくんが安心して過ごせるよう配慮していました。

パーチェでは、5人のグループのなかで職員がたかしくんと個別につき合い、思いを受けとめながら安心できる関係をつくりました。気持ちに余裕がある時期は、職員がオニ役の絶対につかまらない「追いかけっこ」や、ボールを投げてオニをやっつけるあそびなど、たかしくんが楽しめるあそびを重視しました。その際、ほかの友達も並行して同じあそびに取り組むようにし、「友達といっしょ」が感じられる場面づくりを心がけてきました。

お母さんからの相談

あるときお母さんから「療育の回数を増やしてほしい」という要望がありました。療育は母子通園ですから、仕事の都合で週1回の療育も休まざるを得ないことがよくありました。それなのにどうして回数を増やしたいのか、お母さんに詳しく聞いてみました。

するとまず、医療機関から「衝動性が強いから、このままでは通常学級に進むのはむずかしい」といわれたことがきっかけでした。ショックのあまり「何かしなければ！」と考えたお母さんは、勉強について行けるようにと、たかしくんを勉強の習いごとに通わせることにしました。

「言語でのコミュニケーションもむずかしい」といわれたため、生活するうえで必須の仕事も「就学までは」と割り切って休暇を増やし、言語療法を行っているところを探して通い始めます。さらに「体幹が弱いから」と作業療法も紹介され受けることになりました。そこでは「ストレスを発散させるために、外であそばせたほうがいい」とアドバイスを受け、お母さん一人で兄弟を公園に連れて行く機会を増やしたそうです。

しかし、公園ではほかの子とトラブルになることが多く、連れて行くことがむずかしくなりました。初めは楽しんでいた習いごとも、次第にいやがるようになったようです。

同じ時期、保育園からも「友達とのトラブルが増えた」と連絡がありました。お母さんはたかしくんのためを思って一生懸命でしたが、現状は悪くなる一方で、そのイライラで子どもにあたってしまうことも増えていきます。そんなことから、「この子が楽しんでいる療育を増やし、ほっこりできる時間を保障したいと思ったんです」とのことでした。

「たかしくんのために」というお母さんの姿勢に共感しつつ、現状をどうしたらいいのかいっしょに考えることにしました。

お母さんの願いと悩み

自宅でお母さんが一番イライラしてしまうのは、行き渋る習いごとに無理に連れて行くときと、そこで出た宿題を家でさせるときでした。その習いごとを始めたのは「就学後、授業でじっと座れるように」という思いからだったそうです。

また、たかしくんに『友達といっしょって楽しいな』と思ってほしい」「行動ではなく言葉で思いを伝えるようになってほしい」というのが、そのときのお母さんの一番の願いでしたが、園での友達とのトラブルも増えていました。

「たかしくんのために」と行動しているつもりが、かえって行動がエスカレートしている現状に、お母さんは困惑の様子でした。

「なんでやろ……、疲れてるのかな。私もイライラしてるからかな……」

たかしくんの願いをいっしょに探る

保育園や自宅と同様に、たかしくんはパーチェでも「〜させられる」ことに対して強く拒否する姿が目立ちました。特に、職員と二人だけの関わりを強く求め、友達から離れて過ごしたり、職員が提案したあそびではなく「自分のあそびに職員がつき合ってほしい！」と求めたりする場面が増えていました。

就学に向けてのお母さんの心配も受けとめつつ、いまのたかしくんの願いをかなえるために大事にしたいことは、大人や友達への安心感を育てることでした。そのためには、たかしくんが「受けとめられた」と実感できるようにするのと同時に、気持ちに余裕がもてるよう「たかしくんのしんどいと感じていることをできるだけ減らしましょう」という話になりました。

子どもと家族の生活を考える

そしてお母さんの判断で、たかしくんが4歳児の間は習いごとを中断し、やらなければならないことを少なくし、様子を見ることになりました。

生活に影響するため、仕事の休みはもう増やせません。パーチェからは、療育を週2回に増やすのではなく、登園の曜日を調整したり仕事の休みの日に振り替えたりして、確実に週1回通えるようにすることを提案しました。

そして「公園に連れて行くのはお母さんの無理のない範囲にしましょう。週1回療育に連れて来ているのですから、十分ですよ」と伝えました。

お母さんの話からは、公園以外の外出時の負担も重そうな様子がうかがえました。そこで行政とやりとりし、活用できるいろいろな制度を利用しながら、お母さんの負担を軽くすることを一緒に考えました。

療育での変化から

5歳児になると、パーチェでのたかしくんの様子に少しずつ変化が出てきました。

たとえば、手づくりうちわで「風船つきあそび」をしたとき、職員がつくったうちわであそんでいたそれまでと違い、うちわに自分の好きなキャラクターを熱心に描いていました。職員がそれをほめると、とてもうれしそうにあそびに参加しました。「お化け屋敷」の取り組みでも、あらかじめ用意していたパーツをペープサートに貼るのではなく、自分で考えた角をつけて大人や友達に自慢してまわる姿が見られました。

そんな姿を報告するとお母さんもうれしそうで、次のような話が聞かれました。

「家でも最近ものをつくるのが好きになって、廃材で制作してるんです。飾っておかないといけないので、作品であふれちゃって……。落ち着きがないと思ってたけど、好きなことに向かっているときは座っているんですね」

職員は次のように伝えました。

「何か夢中になれる楽しいことがあるって、ほんとに大事なことだと思います。それが認めてもらえると、たかしくんはうれしいでしょうね。子どもって好きなことや、そこに〝やってみたい〟

という気持ちがあると、しっかり座れるんですよ」

この年の個別支援計画作成のための面談で、お母さんから「お友達とトラブルがまた増えた」と相談がありました。療育でも「友達といっしょにあそびたい」という気持ちの芽生えから、積極的に関わりにいく姿が増えたのですが、相手の思いが受け入れられず、相手も自分と同じようにしてほしくてトラブルになることもありました。

しかし、以前は友達に対しての警戒心からトラブルになることが多かったのに対し、最近は友達のなかで「仕切りたい！」「友達に認められたい！」という願いや「いっしょにあそびたい！　でも、ぼくの思い通りにしてほしい」という気持ちの葛藤からのトラブルへと、背景が変わってきていました。療育では、たかしくんが楽しめるあそびで、職員が間に入って「友達といっしょ」を楽しめる経験を大事にし、職員がたかしくんの思いを友達に伝えたり、友達の思いをわかりやすくたかしくんに伝えたりしながらやりとりしていました。

それらを伝えると、お母さんは感慨深そうでした。

「たかしはパーチェによろこんで行くんです。やっぱり、大きい集団より小集団のほうが、イライラせずにあそべるんやなと思います」

その後も自宅では落ち着いた姿が続いていました。そのため習いごとには5歳児になっても通いませんでした。就学については悩み、保育園や学校とも相談した末に、「楽しんで通ってほしい」からとお母さんが選択したのは、育成学級でした。

家族を支える療育

「障害を治す」「苦手なことを減らす」「得意なことを増やす」などをめざすだけでなく、その子の状況や望んでいることなど、気持ちの内側に目を向けることが大事です。子ども自らの変化を家族と共有しながら、そのつどいっしょに考えていくことも重要です。

そして、子どもだけでなく家族の生活にも目を向け、お母さんが安心して子育てできるよう応援するのも、療育の大事な役割の一つです。

まわり道のように見えたけど近道だった

COLUMN

保護者からの声3

さとしがもうすぐ2歳になる頃からパーチェに通うことになりました。

この子は生後6か月頃から、身体の発達が止まってしまったかのようでした。「あれ、あれ?」と思っているうちに、周りの子との差がどんどんあいていきました。離乳食もまったく食べないし体も大きくなりません。体も動かそうとしないのです。

このままではだめだ、周りの子との差がどんどん開いていく一方だと感じました。どうしたらいいのかと病院や保健所などあちこちに相談して、たどり着いたのが療育でした。

とはいえ「療育って何をするところなのだろう」「何がどう効果があるのだろう」と疑問ばかりで、そもそも療育という言葉すら知りませんでした。「身体発達が遅いからたくさん体を動かすのかな」「手がうまく使えないからそのうちボタンを留める練習とかを楽しくやるのかな」などと考えていました。

急に一人でも大丈夫に

さとしは最初、パーチェの療育室に入るのにも泣いてしまいました。私もいっしょにいてなんとかあそべる状態で、少しでも離れようものならしがみついてきます。これでは先生とあそんでいるのか私とあそんでいるのかわからない、と思うこともありました。

「保育園では無理やりお母さんと離してしまいますが、療育では無理に離すことはしません。少しずつ進めていくんです」

と先生から説明がありました。

半年くらいたって、少しずつ先生とあそべるようになってきました。私が少し離れたところにいても大丈夫になり、あそびに集中する時間も出てきました。さらに、そっと部屋を離れても気にすることなくあそべるようになりました。

私には急に大丈夫になったようにも見え、先生に尋ねました。

「なんで私がいなくても大丈夫になったんでしょう？」

「パーチェが安心できる場所になったからだと思います。先生、お友達、場所、環境、全部が安心できるものになって初めて安心してあそべるようになるんです。だからお母さんがいなくても安心してあそべるようになったということですね」


そういうものなんですね。なるほど〜と、「目からウロコ」でした。

「着替えられるように練習するとか、指先の使い方を訓練するのではなくて、『やりたいなあ』『楽しそうだなあ』と思う気持ちを育てていくと、『やってみようかな』という気持ちが育つんです。その気持ちが大切なんですよ」

との説明も聞きました。

確かにさとしは小さい頃から、ほかの赤ちゃんのようによくは笑いませんでした。周りに興味がないのか、何に対してもなんとなく怖がっている様子で、おもちゃなどにも手を出さない印象でした。

「気持ちを育てる」……、なるほど興味がなければ何事も始まりません。体も動かそうとしないし、動かしたいと思わない、動かす必要もなくなってしまいます。気持ちって大事なのだと改めて思いました。

〈何度もハッとされられて〉

小さい頃のさとしは本当に怖いものが多く、不安で動けない、抱っこしてほしいなど、楽しむ余裕がなかったと思います。けれどもたくさんの大人から「安心」をもらいました。「大丈夫なんだ」「もし困ったときは大人にいったら助けてもらえる」「あそぶって楽しい」「お友達といっしょが楽しい」「お友達が大好き」などの大切な気持ちをたくさん重ねて、不安は小さくなっていったように思います。

パーチェに通うまでの私には、「抱っこしすぎたから身体発達も遅れたのかな」「厳しくしなかったから何も自分でしないのかな」という考えもありました。あのままだと「厳しくしなくては。たくさん怒らなくては。甘やかしてはいけない」となっていたかもしれません。

「たくさん抱っこしたらいいんですよ」

「家は充電する場所にしましょう」

「あわてないでね～」

「たくさんほめてる？」

「お家でするようなお手伝い、何かありますか？」

パーチェで何度も伝えてもらい、そのたびに「そうだった！」とハッとさせられていました。

私は目に見える発達の遅ればかり気にしていましたが、発達そのものの訓練をしてできるようにするのではなく、本人が「できるようになりたい」「これ楽しい」と思う気持ちを育てることが何事においても近道で、大切なことだったのだと感じています。

〈大変だったこと〉

パーチェの行き帰りは、それはもう大変でした……。

朝、用意しているときも、さとしは「抱っこしてー、かあちゃん抱っこしてー」とずっと泣いていました。自転車に乗せて連れて行くのにも、「あそこのコンビニでグミを買ってから行く」「電車が見える通りを通って」「ここの信号で反対側にわたって」など、自分の望みを何が何でも聞いてほしいという感じです。願いがかなわないものなら大泣きの大暴れで、逆に時間がかかってしまう状況でした。

帰りも、療育が終わってから3階の保護者が待機する部屋であそぶと決めていたようで、しばらくあそんでからでないと帰るのを納得しませんでした。外で友達が楽しそうにしている声がどんなに聞こえてきても、「ぼくはここで、おもちゃであそんで帰るんだ！」と意志が固いのです。しばらくはつきあわないと、帰ってからが大変なのが目に見えていました。

そんな居残りも、帰りに友達といっしょにコンビニで買い食いする楽しみに変わっていきました。その頃から、友達といっしょが楽しいという気持ちに変わってきていたように思います。

〈パーチェのお母さん〉

パーチェに初めて行った日、あるお母さんに声をかけられました。

「○○保育園に行ってるんですか？　うちの子はその近くの□□保育園なんです」

私は「同じように子育てで奮闘しているお母さんが、こんな近くにもいたんだ」と思うと、それだけで救われた気持ちになりました。まるで「同志」に出会えたようでうれしかったのを覚えています。わが子と向き合っているパーチェのお母さんを見て、逃げて目をそらそうとしていた自分に気づきました。

保育園の懇談会でほかの子たちと自分の子の様子があまりにも違うことを目の当たりにして泣きながら帰ってきたこと、保育園のお母さんにはどうしても相談ができないこと、モヤモヤしても誰にも共感してもらえないさびしさ——。それらがパーチェでは全部共感し合えた、というより共感でしかなかったのです。自分とさとしの居場所を見つけたようでうれしくなりました。

5歳児の間は就学に向けての1年間だったような気がします。心配ばかりで、あせらないようにと自らに言い聞かせながらの就学相談や放課後等デイサービス探しなど、心身ともにとても忙しく過ごしました。

パーチェのお母さんと「こんなデイがある、あんなデイがある」などの情報を交換し、「校長先生に会いに行ってきたよ」という声も聞いてがんばる力をもらいました。一人ではがんばれない私ですが、周りのお母さんのがんばっている姿がとても支えになりました。大変だったけれども、いろいろ情報交換をしているときは楽しくて充実していたと思います。おかげでやれることはやったので、悔いはありません。

第3章

パーチェの20年

児童発達支援事業パーチェは2003年5月1日、当時の支援費制度にもとづく「児童デイサービスパーチェ」として京都市の認可を受け開所しました。2025年は「第二パーチェ」「パーチェ梅小路」「児童相談支援パーチェ」を加えた4事業所で、総勢180人ほどの子どもたちが利用しています。二人で出発したスタッフも、総勢23人になりました。ここでは、この間の制度の変遷にもふれながら、パーチェの20年を簡潔にふり返ります。

1 パーチェができるまで

「保育・療育をよくする会」とその活動

パーチェ誕生から10年ほどさかのぼる1990年代、現在では発達障害と呼ばれる子どもたちの存在が、保育現場などで目立ち始めていました。当時は「気になる子」などと呼ばれていました。

パーチェは社会福祉法人保健福祉の会が運営していますが、その母体は現在の公益社団法人京都保健会です。京都保健会は当時、全日本民主医療機関連合会（民医連）加盟の京都民医連中央病院をはじめとする医療機関のほか、白い鳩保育園（1953年開園）、洛西保育園（1971年開園）、あらぐさ保育園（1973年開園）の3園も運営していました。各園とも「どの子も仲間の中で育ち合う」(「洛西保育園がめざす保育」)など共通する考え方を基本に、障害のある子どもも積極的に受け入れていました。

京都市には、障害児を受け入れる民間保育園に対する助成制度として、京都市民間保育施設障害児保育対策費と京都市民間保育園等障害児加配補助金があります。いずれも保育する子どもの障害程度区分(当時は3区分。2015年度から5区分)と人数に応じ、規定の対策費や保育士[1)]加配人件費が補助されるものです。

民間保育園が受け入れる障害児の多くは当時、最も軽い障害程度区分に該当していました。そこに対応する保育士加配基準は「5対1」で、園全体で5人の障害児がいる場合に保育士一人分の人件費が補助されました。

目立ち始めていた「気になる子」のなかには、目を離すと2階から飛び降りようとする子もいるなど、保育士らは常に見守る必要に迫られて、クラス運営や労働環境にも影響していました。しかし、その子らは市の障害程度区分に該当しないこともしばしばで、保育士の加配には至りません。

そんななか、保育士らから「5対1をなんとかしてほしい」と声があがりました。さらに洛西保育園の保育士有志の呼びかけで、こうした実態を共有しようと懇談会が開かれました。これをきっかけにして、問題は「5対1」にとどまらず、保育・療育をめぐる環境をよくしていく必要がある、との認識が広がっていきました。

そして1993年秋、100人以上が集まって「障害をもつ子どもたちの保育・療育をよくする会」(後に「こどもたちの保育・療育をよくする会」と改称。以下、「よくする会」)が結成されました[2]。

「よくする会」は30年以上たった現在も活動を続けています。なかでも「京都市南部に第二児童福祉センターを！」の取り組みは大きく広がる運動となり1999年、伏見区に児童療育センターが開設されました。第二児童福祉センターも2012年、同じく伏見区に開設されています。

小集団の「グループ保育」が示した可能性

1990年代後半、洛西保育園で「グループ保育」と呼ばれる保育実践が行われていました。これは、各クラスの障害のある子どもたちを対象に週1回1時間程度、小集団で保育を行うものでした。脳性まひやダウン症などの子どもたちから始まり、その後「気になる子」たちもこの小集団保育を試みることになりました。

その頃保育士らは、「なんで朝の会に参加しないの？」「なんで話を聞いてくれないの？」と、「気になる子」たちが「しない」ことにばかり目が向いていました。

グループ保育では、ゆったりとしたスペースのなかで、小さなおもちゃあそびや揺さぶりあそびなどを中心に、子どもたちそれぞれの発達を押さえて保育内容を決めていきました。

すると、クラスのなかでは落ちかない姿を見せていた子どもたちが、5〜6人の集団のなかではあそびに集中し、友達の関係もトラブルなく過ごせるようになりました。保育士らは、大集団で見る姿との違いに驚くとともに、大人の視点でしてほしいことをしないのには彼らなりの理由がある、ということに気づいていきました。

こうして「グループ保育」は、「子ども自身が心地よい環境とは」を考える取り組みになっていきました。この実践はその後、白い鳩保育園とあらぐさ保育園にも広がっていきました。

公的にも明らかとなる子どもたちの様変わり

2000年前後になると、京都民医連中央病院の小児科を受診する子どもたちも様変わりしていました。自閉症や軽度発達障害の子どもたちが中心で、1997年を皮切りに、2000年からは急激に増加しました。担当する医師らは悪戦苦闘の連続だったといいます。

こうした変化は、やがて調査でも裏づけられました。文部科学省が2002年に初めて、公立小・中学校の4万人の児童生徒を対象に、発達障害の可能性の有無について教師に回答を求める調査(「通常の学級に在籍する特別な教育的支援を必要とする児童生徒に関する調査」)を実施しました。その結果は「学習障害(LD)とみられる子どもはほぼ二十人に一人、注意欠陥・多動性障害(ADHD)とみられる子どもは四十人に一人に上る」(「読売新聞」2002年10月23日付)、「計算など特定能力欠如/落ち着きない　児童生徒の6・3%　男子に高い傾向」(「産経新聞」同日付)などと報じられました。同調査はその後も10年ごとに実施されています(147頁参照)。

京都市内における療育施設は数少なく、「よくする会」には発足以来、「療育にかかるまでに半年から1年かかった」「発達検査や診断を受けるのに何か月もかかった」などの声が多数届いていました。希望したときに待たずにすぐに地域の身近なところで相談ができ、保育や療育が受けられる――、そのための制度の充実がいっそう求められていました。

「支援費制度に対応する障害児通園事業」へ

こうしたなか1998年、白い鳩保育園、洛西保育園、あらぐさ保育園を京都保健会から分離する形で、三つの保育園を運営する社会福祉法人保健福祉の会が設立されました。

2000年4月には介護保険制度がスタートしました。「措置から契約へ」と謳われ、高齢者の介護サービスは、行政が利用施設などを決める措置制度から、利用者と事業者との契約にもとづいて提供される仕組みに変わるとともに、民間の事業参入も容易になりました。保健福祉の会も、かねてより検討していた地域の高齢者生活支援を目的として、介護保険制度の開始と同時に介護老人保健施設を開設し、介護事業を開始しました。

さらに2003年4月、「措置から契約へ」を障害者分野にも広げる支援費制度[3]が始まりました。支援費制度の対象には障害児通園（デイサービス）事業も含まれていました。

この事業は1972年、当時の厚生省児童家庭局長の通知により始まった「心身障害児通園事業」に端を発しています。もとは通園施設の設置が困難な小規模自治体でも可能な法定外の補助事業で、障害の診断がない段階での並行通園なども取り組まれていました。1998年の同省障害保健福祉部長通知で「障害児通園（デイサービス）事業」となり小規模化されたため、小規模通園事業が増えたといいます[4]。法定外でも児童福祉法の枠組みでしたが、支援費制度で事実上障害者の制度に移行し[5]、名称も「児童デイサービス」に変わりました。

保健福祉の会にとって、障害児分野での取り組みは「法人設立以来の課題」（理事会資料）でした。この機会に児童デイサービスで支援費制度の指定事業所になれば、自らの手で療育の場を広げることができます。障害の早期発見、早期対応、早期療育のためにも、それは大きなチャンスでした。そこで、支援費制度開始を1年後に控えた２００２年３月、理事会で「支援費制度に対応する障害児通園事業を準備する」事業計画を決定しました。５月には事業計画の具体化を担う「関係者会議」を設置し、準備をすすめました。

２００３年２月までに３園の保育士のなかから二人の担当職員を決め、４月には名称をイタリア語で平和を意味する「パーチェ」と決定。そして５月１日、当面は保健福祉の会の理事が運営する「らく相談室」に間借りする形で開所を迎えました。京都市では支援費制度になって最初の新規認可施設でした。

1）１９９９年の児童福祉法改正までは「保母」または「保父」と呼称されていたが、本書では「保育士」で統一。

2）「よくする会」の取り組みは、こどもたちの保育・療育をよくする会『療育ってええな！』かもがわ出版、２０１２年などに詳しい。

3）２０００年６月に成立した「社会福祉の増進のための社会福祉事業法等の一部を改正する等の法律」により複数

の法律を根拠に実施された制度で、後の障害者総合支援法のような単一の根拠法ではなかった。

4）通園事業については田村智佐枝「1心身障害児通園事業からの事業の歴史と全通連の役割」近藤直子・全国発達支援通園事業連絡協議会編著『ていねいな子育てと保育―児童発達支援事業の療育』クリエイツかもがわ、2013年に詳しい。

5）支援費制度の時点では、児童デイサービスの根拠法は児童福祉法のままだった。

2 パーチェの出発

文字通りゼロからのスタート

京都市で療育施設を利用するには従来、①保護者が児童福祉センターに相談し、②児童福祉センターで必要に応じて発達テストなどの心理判定や医師による診察を行い、③その子に療育が必要かどうか検討し、④保護者の意見も参考にしながらその子に合った療育施設を決定する、という児童福祉センターを通じた措置方式でした。

2003年4月に支援費制度になると、基本的な流れはそのままで、「措置」の代わりに「支援費受給者証」が必要になりました。京都市ではその受給者証の発行（支給決定）を、引き続き児童福祉センターが担いました。それは「児童デイサービス」も同様でした。

この当時、保護者にとって「療育」はまだまだハードルが高い場所でした。「重い障害がある子どもが行く特別なところ」というイメージが強かったと思います。相談のために児童福祉センターの門をくぐることも、保護者にはとても勇気がいります。発達検査も半年待ちという状況が、依然として続いていました。子育てにいろいろな困り感のある保護者にとって、この半年はつらいものです。


「小さい頃から育てにくかった」

「寝ない、食べない」

「場所見知り（知らない場所で泣き出すなど）が強すぎる」

「買い物に行くと迷子になる」

「言葉が周りの子より遅い」

「保育園での集団行動を嫌がる」


このようないろいろな悩みを一人で抱えていたという話を、私たちは後に、パーチェを利用した保護者からよく聞きました。

一方、他府県では特に児童デイサービスについて、保健センターや療育施設で申請できる（滋賀県）、療育施設で簡単な申請書を書いて申し込む（和歌山市）など、自治体によってさまざまな運用がされていました[1]。それらと異なる京都市の対応は「京都方式」と通称されました。

基本的に、療育を必要とする子どもたちの数や療育状況を把握し、放置されないようにするのは行政の責任と考えます。私たちは、体制や運用の改善を求めながらも、「京都方式」はそのための仕組みととらえていました。

また、パーチェは開設にあたって療育対象を「0～12歳まで」とし、保育園などでフォローの必要性が高かったADHDや高機能自閉症の子どもたちも対象に含めて申請していました。しかし京都市は「0歳は医療の対象で療育は必要ない」「ADHDや高機能自閉症などの子どもは知能の遅れがないし、その数に見合う受け皿がない。事業所が1か所できても送れない」などの見解でした。加えて新規開設当初は、実績もないパーチェを療育施設とした支給決定はされませんでした。

そのため、開所した5月の利用者は1か月ゼロ。新聞広告も2回出したにもかかわらず、保護者の希望も利用枠の空きもあるのに通えない、という状態が続きました。

ようやく児童福祉センターの支給決定を経た利用が入り始めたのは、交渉の末に市の見解が「入所した年度に1歳になる0歳児については対象とする」「自閉症スペクトラムの子どもは対象とする」と変わった6月以降でした。

「パーチェを支える会」と公開療育を契機に

支援費制度が始まった2003年当時、パーチェと同じ児童デイサービスの既存施設が京都市内に3施設ありました。支援費制度に伴い保護者負担や職員減、事業内容への影響が危惧されたことから、その開始に先立って「よくする会」などで京都市に改善を求める運動をすすめました。

支援費制度以前の児童デイサービスは国と市の補助金で賄われ、基本的に無料でした（一部に教材費等の負担はあり）。支援費制度で1回５００〜１０００円前後の保護者負担が生じる見通しでしたが、こうした運動のなかで、京都市では1回２００円（減免措置や負担上限額あり）に軽減されました。また、既存施設には市から補助金が出ることになりました。

ただし、新規開設したパーチェはその補助金の対象外でした。利用者をなかなか確保できなかったことと合わせ、パーチェにとっては苦しい出発を余儀なくされました。

そんななか、開所から2か月が過ぎた7月1日に「パーチェを支える会」（以下、「支える会」）が発足しました。保健福祉の会のほか京都保健会など関係する法人の事業所職員らが中心で、２００９年まで6年続きました。その間、最大時２４４人の会員を数え、会費や寄付、地域で開催された平和盆踊りや健康まつりのバザー収益などで、遊具やマット、巧技台、プールなどの療育設備を充実させたほか、学習会なども行い、文字通り物心両面でパーチェを支えました。

そして8月、もっとパーチェを知ってもらおうと、公開療育を2回開催しました。療育室に初めて10人近い子どもたちが集まり、保護者や保健所などからも大勢の見学がありました。当時の「パーチェだより」には、その様子が次のように紹介されています。


『おはようございます』お母さんやお父さんと次々来園の子ども達。

緊張でお母さんにくっついたままの子やあっおもしろそう！と早速すべりだいやトランポリンに挑戦の子どもなどさまざまな表情を見せています。

けれどお友達やお部屋の雰囲気に慣れてくるとどの子どもも自分の好きなあそびを見つけ遊び始めます。部屋の探検をしたり、じっくりしたい遊びを楽しんだりした後はリズムにのって身体を動かしたり、シーツブランコで揺さぶりを楽しんだり、そして最後はパラバルーン。ふわふわと広がる不思議な大きな布の上を走ったり下で膨らんだり狭まったりする世界を楽しみました。

『こんなににこやかな顔を見たのは初めてかも』『また、ぜひ来させてほしい』『話を聞いてもらえてなんだから楽になった』……といううれしい感想をたくさんいただきました。子ども達もたっぷりあそんだ!!という表情を見せてくれました」

（「パーチェだより」2003年9月1日）

これを機に利用者が増えて年度末までには定員（1日10人）が満杯になり、待機者が出る状態になりました。

また当時から神社や京都御苑、御室八十八か所、双ヶ岡など、野外での〝青空療育〟にも積極的に取り組みました。それは現在にも引き継がれています。

親子教室「パーチェの広場」始める

「早期発見から対応」をめざして全国で実践されているのが、乳幼児健診後の親子教室です。

大津市では1980年代から、発達支援を必要とする子どものための親子教室が実施されています。1歳9か月健診、2歳6か月児健診後のフォローのために母子保健事業として実施されました。2007年度からは1歳~1歳3か月の子どもを対象に実施し、10か月健診でフォローが必要と判断された子どもの保護者にも案内されています。大津市だけでなく、大阪府内や鹿児島県など全国の自治体でも親子教室が取り組まれていました。

療育につながる前の子育て支援として、私たちはこうした全国の実践を学びました。

2003年当時、京都市ではまだ親子教室が実施されていませんでした。そこでパーチェ開所後、自分たちで親子教室を始めることにし、これを「パーチェの広場」と名づけました。その趣旨を中京区社会福祉協議会に説明したところ、場所を借りることができました。そして同年12月から月1回、職員二人が遊具などを車に積みこんで出かけました。

集まった子どもとあそびながら、保護者の相談にのり、自宅でどう関わるか、どんなあそびだったら楽しく過ごせるか、などをいっしょに考え合いました。月1回ではなく、継続して支援したほうがいいと思う親子には、「パーチェ」の療育を説明して見学をすすめることもありました。

こうして、親子が安心して療育につながることができるよう、取り組みを続けました。その間、京都市の行政担当者による「パーチェの広場」の見学もありました。

その後2010年4月、京都市の親子教室がスタートしました。パーチェの広場は2011年末で終了し、その後は京都市の「親子すこやか教室」のスタッフとして参加することになりました。

それは現在も続いています。その親子教室で出会ったお母さんは、パーチェに通い始めた際、知っている職員の顔を見つけて「ホッとする」そうです。初めてのところに行くとき、知っている人がいるのは安心です。

円町に移転し第二パーチェも誕生

２００４年9月、現在地の京都市中京区のＪＲ円町駅近くの3階建ての建物に移転しました。これで間借り状態に終止符を打ち、新園舎での療育が始まりました。長く賃貸でしたが、現在は買い取っています。

新園舎には当初、1階に老人施設をつくる予定でしたが、その申請は当時の総量規制で認められませんでした。そのため急きょ、児童デイサービスをもう一つ運営することになり、第二パーチェが誕生しました。制度的には同一敷地内に同種施設を複数はつくれませんが、待機の子どもたちも多くなり、ほかに療育施設もなくて京都市も受け入れに困っていたことから、特例として認められたものでした。パーチェ同様1日10人の定員で、新たな職員も雇用し、2事業所体制になりました。

以来、1階に第二パーチェ、2階にパーチェ、3階に事務所等という基本的な構成を維持して現在に至っています。

同年11月に「第二パーチェ開設記念講演会」を開催しました。京都保健会が運営する右京病院（１９９８年廃院）や吉祥院病院で発達相談員などを務め、パーチェにとっても発達に関する理論的な支えとなっている白石正久現龍谷大学名誉教授の、「発達障害と幼児期のかかわり」と題した講演でした。94人（子どもたちや保育スタッフも含めると総勢159人）が参加し、「子どもの遅れではなく、良い所を見ていくことを忘れないよう、障害の勉強ばかりでなく発達段階の勉強をしていきたいと思いました」（「パーチェを支える会だより」2005年1月）などの感想が聞かれました。

パーチェではこうした講演会をはじめ小規模の学習会など学ぶ機会を重視し、地域の保育園や幼稚園の職員らとともに毎年開催しています。ほかにもスタッフらは、全国障害者問題研究会（全障研）や全国発達支援通園事業連絡協議会（全通連）の全国大会をはじめ発達に関する各種研修に積極的に出かけ、研鑽を重ねています。

翌2005年7月、「支える会」や保護者の協力で園舎屋上にプールが完成し、さっそくこの夏から子どもたちが水あそびを楽しみ始めました。その様子が当時の「パーチェを支える会だより」に紹介されています。

「バシャバシャと水の中でとびはねて、体全体で水の感触を楽しんだり、水の中でゆさぶり遊びをすることを楽しんだり…と思いっきりの水遊びを楽しむグループは、水の抵抗の中でしっかり体を動かして遊んでいます。

水がかかるのがイヤなお友達も、水遊びは大好き！ビニールプールやたらいで、ペットボトルになどや色水でじっくりと楽しんでいます。しばらく水遊びをした後、自分からプールに向かおうとする姿も出てきています。楽しい遊びの中で、少しずつ水に慣れることを大事にしています」
（「パーチェを支える会だより」2005年9月）

1）「障害をもつ子どもたちの保育・療育をよくする会第11回総会議案」（2003年）資料より

3 変転する制度のもとで保護者とともに

パーチェに行くと「元気が出る」

パーチェは開設以来ずっと、療育で「あそび」を大事にしています。体を動かしたり手指を使ったりすることで脳や感覚を刺激すると同時に、あそびで得る「楽しい！」「やってみたい！」などの思いが、発達の原動力になっていきます。その効果は保護者も実感し、「パーチェだより」などで次のような声がしばしば紹介されています。

「週2日の通園で子どもがどう変わるのかと半信半疑でしたが、回数を重ねるごとに目に見える成長をしています。ことばも少しずつ単語が増え、運動面でもおどろくほど活発に体を動かすようになりました。子どもも、パーチェが大好きでにこにこと通園用のリュックを背負って私の手を引っぱります」

「当初は『こんなことが…？』と思っていた、特に課題を設けない自由あそびや、手先・体を動かすこと、公園や小山への散歩が、今になって、これほど子どもの成長に効果的で不可欠なものであるかを改めて思い知らされました」

1回の療育は、午前または午後の2時間程度です。保護者は別室に集まり、スタッフも加わって「親グループ」と称した懇談をしています。この「親グループ」はもちろん、待機中にもさまざまな話をする時間が、特に母親たちにとって貴重な機会になっています。そうしたことから、母親の次のような声もまた、「パーチェだより」などでよく紹介されています。

「今まで不安な気持ちでいましたが、先生や保護者のお母さんに出会えていやされています」

「パーチェでは周りの目を気にせず子どもを思いきり遊ばせられる!! そして今まで、周囲のお母さんには話せなかった子どもの悩みもパーチェでは自然と話せたりするんです」

「パーチェは息子にとっても私にとっても行くと元気が出る『マッサージ』のような場所でした。

行くと心が楽になって次の日からまた頑張ることができました。息子は先生や友達と遊ぶこと、私は親グループや他のママたちと話すことで心を『マッサージ』してもらっていたんだなぁと思います」

こうして、子どもたちの療育とともに保護者の支援を、当初から大事にして取り組んでいます。

家族懇談会と親の会

療育には母親の付き添いがほとんどのため、普段は療育現場に来る機会のない家族を対象にした家族懇談会を毎年開催しています。開所翌年の２００４年7月に「父親交流会」として開催したのが最初で、翌年からは「父親懇談会」として、２０１２年から対象を祖父母など父親以外にも広げました。

10人近くから、多いときは二十数人の参加があります。療育の様子の動画を見たり、医師や発達の専門家などによるミニ学習会をしたりした後、人数によってはグループに別れ、自己紹介をしながらそれぞれの思いを語り合います。毎回の懇談会後には「パーチェだより」に次のような感想が紹介されています。

「パーチェに通うようになって子どもも変わったが、妻が日に日に明るくなってきた。一人で悩んでいたことを他のお母さんと話して解消されているようだ」

「息子がどこにいても自我を出してあばれてくれるのを楽しみにしています。まずは夫婦が仲良くなり子どもに接していくのが大切だと思うようになりました」

「問題ある行動（困った行動）には理由があるということが私の中で受けとめられる内容のお話でした。環境変化に対する対応が苦手な子どもですが、子どもの話をしっかり聞き受けとめることができるようにしていきたい」

「年に一度でもこういう機会があって、いろいろな子どもさん、お父さんの気持ちや行動を知ることができて良かったと思います」

家族懇談会は家族を支える役割も果たしてきました。20年を経た現在でも「父親懇談会にお父さんが参加したことで、うちの家族が変わったんです。ほかのお父さんの話を聞けたことがすごく印象的だったみたいです」という声も聞かれます。

また、2004年11月には「パーチェ親の会」（保護者会）も発足しました。保護者にとっても、クラスごとの「親グループ」の枠を越えた心強いつながりができました。毎年の総会にはOBの参加もあるほか、独自に学習会を主催したり、市に陳情書や要望書を提出したりして、療育環境をよくする取り組みも行っています。

めまぐるしく変わった制度

パーチェ20年の前半10年は、制度の変転に翻弄された時期でもありました。開設2年後の2005年4月、発達障害者支援法が施行されました。この法律が発達障害を「自閉症、アスペルガー症候群その他の広汎性発達障害、学習障害、注意欠陥多動性障害その他これに類する脳機能の障害」（第2条）と定義したことで、さまざまな制度上の発達障害の位置づけが明確になりました。

翌2006年4月、支援費制度から移行する障害者自立支援法が施行され、同年10月から本格運用が始まりました。児童デイサービスはこのときに同法に移行し、名称も「児童デイサービスI型」1）となりました。

支援費制度で利用者負担が導入されたものの、まだそれは所得に応じた応能負担でした。障害者自立支援法にはそれを定率の応益負担にするなど大きな問題があり、反対運動が全国に広がりました。

パーチェにとっても、保護者負担の大幅増につながりかねません。また、事業所に支給される報酬が利用日数による「日額現員払い」で、欠席やインフルエンザなどの休園期間には支給されないなど、施設運営に関わる重要な仕組みが変わらないことから、保護者にも訴えて反対運動に取り組みました。

結局、利用料は1割負担になりましたが、京都市は上限を設けたほか、併行通園は1回200円が据え置かれました。それでもパーチェ利用者の7割が負担増になりました。

またこのとき、併行通園先を訪問する「連携」が事業として可能になり、「家庭連携加算」として報酬の加算対象項目にもなりました。

京都市は翌2007年4月、独自の軽減策を追加実施し、全所得階層で利用料が半分になったほか、市民税非課税世帯は無料になりました。

障害者自立支援法は施行から3年後の2009年4月に見直しが実施され、報酬単価が上がったり、日額現員払い対策として「欠席時対応加算」がついたりしましたが、安定した施設運営のためにはまだまだ厳しい状況でした。

2010年4月になって、パーチェ開設以来保護者や「よくする会」とともに毎年要望してきた児童デイサービスに対する運営補助金が、ようやく京都市から支給されることになりました。

2012年4月には、改正障害者自立支援法と改正児童福祉法が施行されました。それまで障害種別ごとで複数の根拠法にまたがっていた施設体系が児童福祉法に一元化され、通所と入所という利用形態での分類に再編されました[2]。児童デイサービスも障害者自立支援法から児童福祉法に戻り、事業名も「児童発達支援」となりました。しかし、それまでも問題にしてきた利用契約制、応益負担、報酬の日額現員払いという構造は変わりませんでした[3]。

同年6月に障害者自立支援法から法律名も改めた障害者総合支援法が成立し、翌2013年4月から施行されました。しかしその内容には、障害当事者らが国を相手に起こした障害者自立支援法違憲訴訟の和解を受け、当事者も加わった「障がい者制度改革推進会議総合福祉部会」が検討をすすめてまとめられた、「骨格提言」が反映されないという驚くべき事態でした。

前後してこの２０１２年３月、児童デイサービス（児童発達支援）に対する京都市の運営補助金が２０１２年度に半額になり、２０１３年度以降は撤廃される方向だと明らかになりました。すぐに「よくする会」が署名活動を呼びかけ、保護者の協力も得て３月に９６０筆の署名を提出しました。同年7月31日に「よくする会」が京都市との懇談を行い、運営補助金を撤廃しないよう要請しました。これには総勢で60人が集まりました。パーチェからはスタッフらとともに保護者も多数参加し、「療育のなかで救われた」「安心することができた」など、療育への思いを訴えました。スタッフらはこうした保護者に胸を熱くし、署名も最終的に４９７６筆に達しましたが、残念ながら運営補助金は打ち切られてしまいました。

また２０１２年８月には「子ども・子育て関連３法[4]」が成立し、２０１５年４月から「子ども・子育て支援新制度」がスタートしました。

1）就学児が3割以上だと児童デイサービスⅡ型となる。

2）再編後の施設体系は次の通り（いずれも児童福祉法）。
障害児通所支援（市町村）＝児童発達支援（未就学児対象）、医療型児童発達支援、放課後等デイサービス（小学生～高校生まで）、保育所等訪問支援
障害児入所支援（都道府県）＝福祉型障害児入所施設、医療型障害児入所施設
またこのとき、障害児入所施設は社会福祉法第２条に規定する第一種社会福祉事業に、障害児通所支援事業およ

び新設された障害児相談支援事業がいずれも第二種社会福祉事業に、それぞれ加えられた。第二種社会福祉事業は経営主体に制限がないことから、株式会社などの営利法人も児童発達支援や放課後等デイサービスなどの事業所経営が可能になった。

3）厚生労働省はこのときの改正で「利用者負担について、応能負担を原則に」としているが（https://www.mhlw.go.jp/seisakunitsuite/bunya/hukushi_kaigo/shougaishahukushi/kaiseihou/dl/gaiyou.pdf）、負担能力に応じた上限額を政令で定めるもので、条文上は応益負担の仕組みを残していた。

4）子ども・子育て支援法、改正認定こども園法、子ども・子育て支援法及び認定こども園法の一部改正法の施行に伴う関係法律の整備等に関する法律の3法をさす。

4 療育施設の多様化のなかで

パーチェ梅小路と相談支援事業所を開設

２０１４年10月、京都市下京区のＪＲ梅小路京都西駅近くにパーチェ梅小路を新規開設し、３事業所になりました。ほかの2事業所同様、１日10人の定員で事業を開始しました。

２０１２年に児童福祉施設が再編されたとき、京都市内の児童発達支援事業所は9か所になっていました。2003年のパーチェ開設時からは倍化ですが、それでもまだ療育を待機する子どもたちは少なくありませんでした。特に京都市の南部地域に療育施設が少なく、パーチェにも南区、伏見区などの南部地域から通うケースがよくありました。

2013年の夏に、もともと京都保健会を通じて関係のある民医連加盟の一般社団法人京都コムファ（6薬局で構成）から、京都市下京区の同法人建物を新規事業所に活用してはどうかと提案がありました。療育の場が増えれば身近な地域で通いやすく、保護者負担の軽減にもつながることから、新事業所の開設とそのための職員増員を決めました。開所に際しては保護者からもおもちゃや本などの寄付がたくさん集まりました。

さらに翌2015年6月、4番目の事業所となる児童相談支援パーチェを開設しました。

この児童相談支援事業[1]は2012年の児童福祉施設再編時に創設されました。児童発達支援を含む障害児通所支援の利用に際して「児童支援利用計画」を作成する「児童支援利用援助」と、それを一定期間ごと、おおむね半年に1回程度モニタリングして「継続児童支援利用援助」を行う事業です。2012年度から段階的に実施され、京都市では2015年度から始まりました。

この事業が単に事業所利用のための相談支援でなく、子どもたちの発達の基盤となる生活をつくるために、保護者といっしょに考え、地域の関係機関と連携し、子どもの願いを実現していくための相談支援となることを願って、事業実施を決めました。

急増する療育施設

その後、児童発達支援事業所は急増しています。全国的には2012年の2106か所から2022年2月の8922か所へ、およそ4倍化しました[2)]。京都市では2012年の9か所から2024年12月の78か所[3)]へと、8倍を超える勢いです。

その背景の第一は、発達障害のある子どもたちが増え続けていることです。文部科学省が2002年以来10年ごとに調査している「通常の学級に在籍する特別な教育的支援を必要とする児童生徒に関する調査」（127頁も参照）で、小・中学校の「学習面又は行動面で著しい困難を示す」子どもたちは、2002年の6・3％から2012年の6・5％に、さらに2022年には8・8％になりました[4)]。

背景の第二に、2012年の児童福祉法改正の際、株式会社などの営利法人も児童発達支援などの事業所の設置・運営が可能になったことも大きいでしょう[5)]。京都市内の児童発達支援事業所は、約3分の2が株式会社など営利法人による運営です[6)]。

事業所の増加に伴い、いまでは「療育」という言葉がさまざまな形で用いられるようになり、広く認識されるようになりました。保護者の療育に対するイメージも変化してきています。療育内容も多様化してきています。それにより、保護者が療育に求める内容もさまざまになってきています。

こうした流れのなかで、事業所にとっては利用者から選ばれる努力が求められるようになってきています。

「京都方式」が果たした役割とその終了

2023年6月に、長年続いた「京都方式」が終了に至りました。

「京都方式」は、児童福祉センターが窓口となり、発達検査で療育が必要と判断された場合に、療育事業所を紹介して、利用者と事業所とをつなぐシステムとして機能してきました。行政が状況を把握し、療育の必要な人が放置されないようにする責任を果たすうえでも大事な仕組みでした（121頁参照）。

かつてのように療育の施設も情報も少ない状況では、特にわが子の療育の必要性を受け入れきれない保護者にとって、児童福祉センターのケースワーカーによる療育施設の紹介は、気持ち的にも手続き的にも負担を軽くするうえで有意義でした。

また私たちは「よくする会」（116頁参照）などと力を合わせ、早期発見・早期療育のため、保護者の療育へのハードルを少しでも下げ、可能な限り早い段階から療育施設に通えるよう、運動を続けてきました。行政には、乳幼児健診後のフォローの場をつくることを働きかけ、自らも「パーチェの広場」を実践してきました（125頁参照）。さらに、受給者証に印字される「障害児」の文字をなくすことも働きかけました。ほかにも「療育は障害のある子が通うところ」というイメージを少しでも変える取り組みを大事にしてきました。

しかし、児童福祉センターで受けられる検査の数にも限界があり、発達検査待ちで療育につながるのが遅くなる問題が長らく続いていました。それは近年の事業所の急増とともに、ますます深刻になっていきました。

「京都方式」は京都独自の方式ですから、そもそも絶対的なものではありません。制度上、事業所と利用者（保護者）とが契約を結び、児童福祉センターに受給者証を申請すれば、基準を満たしている限り、同センターでの発達相談や発達検査などを経なくても、市は受給者証を発行しなければなりません。

事業所が急増すると、それぞれの事業所が利用者を獲得するために、このような形で「京都方式」を通さずに受給者証を取得するケースが増えていきました。そうなると「京都方式」は事実上崩れていかざるを得ず、最終的に平等性を保てなくなったことが終了の理由となりました。

安心して子育てできる地域をめざして

第1章、第2章で紹介してきたように、パーチェはあそびを療育の中心に据え、子どもたちが生活のなかで育っていけるよう支援しています。そして「子どもが何に悩んでいて、何を願っているのか」「大人はどんな支援をしたら子どもと心が通じ合えるのか」をいっしょに考える、そんな事業所でありたいと考えています。

療育にあたっては、保護者から学ぶ視点、保育園や幼稚園の集団から見える視点、療育で見える視点、発達心理士や理学療法士、作業療法士、言語聴覚士、医師などの視点、さらにケースワーカーの視点など、さまざまな角度から子どもの姿を見ることを大事にしています。そこから子どもの発達支援、保護者支援につながっていくと考えています。

私たちの療育はあそびのなかで、言葉だけでなく、視線や行動などいろいろな子どもの表現を受けとめながら、子ども自身の願いを探ります。療育をすすめるうえでは、子どもたちが家や保育園、幼稚園でどんな思いで生活しているのかを知ることも大事です。保護者と子育てのよろこびをともによろこび、あるいはその苦労にも共感し、「こんなことしてみたら」「こういう声かけをしてみたら」など、ともに考え合うことを大切にしたいと思っています。

そして地域のなかで、一人ぼっちで子育てに悩んでしまうことがない環境をつくることが、児童発達支援の役割だと考えています。

1）児童福祉法は「障害児相談支援」と規定しているが、京都市では「児童相談支援」「児童支援利用計画」などと呼称している。
2）厚生労働省「障害児通所支援の現状等について」（https://www.mhlw.go.jp/content/12401000/000971594.pdf）より。
3）京都市情報館「障害児通所支援事業所・障害児入所施設等一覧」（https://www.city.kyoto.lg.jp/hagukumi/page/0000256335.html）より。
4）文部科学省サイト（https://www.mext.go.jp/b_menu/houdou/2022/1421569_00005.htm、https://www.mext.go.jp/a_menu/shotou/tokubetu/material/1328729.htm）より。
5）前節注2参照。
6）注3と同じ。2023年10月現在。

おわりに

お正月に家族で40年ほど前に住んでいたアパートの近くの公園の前を通り、次女（障害をもっている）の小さかったときのことを思い出して、長女に話をしました。「6時まで水道を使わないでください」とドアに張り紙をされ、ミルクも作れず毎朝5時に公園でブランコにのっていたこと。その頃の次女は「寝ない」「飲まない」「目が合わない」「笑わない」状態だったこと。保育士だった私は心配がいっぱいの日々でした。小児科の医師からは「もっと向かい合ってあげたら」と言われ、「私は向かい合っていないということですか？ 仕事をしている場合ではないということですか？」と職場の当時園長だった正木宏先生に相談しました。そのとき、「子どもはあなただけの子どもではない。社会の子ども」と言われたのです。その言葉が今も心に残っています。一人で抱えなくていいよと言ってもらえたのです。そして、紹介された吉祥院病院の小児科で発達相談を受けます。

その後、右京病院では、尾崎望医師（現社会福祉法人保健福祉の会理事長）や発達相談員だった白石正久先生（現龍谷大学名誉教授）に出会います。「夜から朝にかけて20分ごとに起きて泣き寝られないんです」という私の訴えを、「そうか…大変ですね」と聞いてくださいました。直接の解決方法はなかったのですが、でも聞いてもらえる人がいることは救いでした。そこで訓練・療育・保育の場が紹介されました。結局これが解決の道だったのでしょう。

たくさんの人とのつながりは、今の次女の育ちになくてはならない出会いでした。家族は同じ障害をもつ子どもの家族と学習会やキャンプを経験し、そのつながりは今でも生きています（洛西保育園の「みんなのねがい読者会」「障害児学童じゃりんこ」など）。私は保育士として発達を学ぶ機会を、また、次女には言語や運動障害があることから、運動発達・コミュニケーションの支援を学ばせてもらう機会を得ました。訓練の時間だけ頑張ればいいのではなく、生活に根差して、人とのつながりの中で力を発揮してこそ、子どもの力になることを教わりました。なにより職場の保育園の職員さんたちには、心身両面から支えてもらって今があります。

保育園で出会ったたくさんの子どもたちとの出会いで、どう対応していいかわからない経験がたくさんありました。思い出すのもしんどい失敗、間違った対応、その後悔が心に残っています。その悔しさが自分の仕事の原動力だと思います。

1歳半頃は〝立ち直りの心が育つとき〟〝自我が芽生えるとき〟といわれています。療育で私たちが大事にしていることです。事例にたくさん出てきた子どもたちの姿です。一つ嫌なことや失敗したことがあったときに、たくさんの楽しいこと、うれしいこともゼロにしてしまう。繊細で心が傷つきやすい。本人自身が気持ちを立て直し、「また、やってみようかな」と思える力はどうしたら生まれるのかを考えます。まず、本人が感じている不安を理解してもらえる人の存在です。そして本人自身が楽しい、もっとやろうと思える手ごたえがもてること。そんな実感の積み重ねが、不安を乗り越える力になるのではないかと、私たちパーチェでは療育実践をしています。私たち保育者にも同じことがいえるのではないでしょうか。本文の中に子ども達や周りの大人が、悩んだときに、どう気持ちを立て直していったかを読み取っていただけたらと思います。

「療育の歴史」をパーチェ開所から少し載せています。療育が「サービス」という名前になり、「応益負担」という言葉が出てきます。このことをどう受けとめるか、全国の関係者で議論してきました。鹿児島市はこの制度ができたときに、お母さんたちの声を受けて「療育は義務教育」と位置づけたと聞きました。「子どもの権利」として療育が受けとめられていることに感動し勇気づけられました。

次女が小学校に入学。養護学校までスクールバスで1時間半。地域の学校なら10分ほど。時間の問題は大きく、就学は親にとって大きい悩みです。歩き始めの子どもにとって何を大事にするか。この子が笑顔で学校生活を送れるかを考えました。

さらに放課後問題も重要でした。学童保育に申し込んだときは、「障害の重い子どもは学童保育から外す」そんな制度が当時の京都市にありました。学童の運営委員さんから「障害のある子をもちながら働くなんて。働くなら生まない方がいいのでは。生むなら働かない方がいいのでは」と「優しく」言われました。その後、障害をもつ子を育てながら働いている仲間（障害児に学童保育を保障する連絡協議会）に出会わせてもらい、京都市に障害児の学童入所を訴える「運動」に参加。市の担当者からは「今は難しい。でも、この先に入れる時期がくると思う」といわれ、時代は誰が作るのか？と怒りしかなかったのが、私たち親の思いでした。

3年後、養護学校の子どもにも、学童保育の入所が可能の時代を開くことができました。4年生から学童を利用できなくなった後は、高等部卒業まで学生さんにお世話になり、そこでは楽しい経験と、一人でバスに乗るという自立に向かう力も育ててもらいました。今では放課後等デイサービス、移動支援など、障害をもつ子どもも家族以外の人との関わりをもてる制度ができました。親が働くことは経済面だけでなく、親自身の生き方の選択でもあります。そして、親とは違った関係性の中で育つ力の存在があることを、保育園・幼稚園や療育、学童保育、放課後等デイサービス、移動支援の実践が明らかにしています。制度は貧困で課題はいっぱいですが、福祉で働く労働者が誇りをもって仕事ができるものであることを強く願います。それは子どもたちの人権を守ることにもつながります。

今、相談支援の仕事を二名の職員でさせてもらっています。小学生、中学、高校のさまざまな課題が、子どもや保護者から発信されています。二人の相談員は親御さんの気持ちに胸がいっぱいになり、保育や教育制度の貧困さを感じる日々です。介護、不登園・不登校・子どもの困った行動など、ケアが必要な家族がいるとき、親は一人で抱えきれません。

できるだけ福祉や教育にお金をかけようとしない国の制度の貧困さが根底にあり、家族だけでは手がいっぱいになることがあります。家族を孤独にしない地域のつながりが大事だと相談支援従事者を対象にした研修でいわれますが、つらいときに誰かに発信したらいいんだと思うこともできないくらい、息が詰まる状態になることは実際たくさんあります。つらさから立ち直る力は、やはり人との出会いだと思うのです。親自身が元気に一歩踏み出そうとする応援の場所は、公的機関だけでなく、私たち療育施設・相談支援事業所も頼りたくなる場でなければならないのではないでしょうか。

ある介護漫画に、冷静だけど熱い社会福祉士、熱さで突っ走るヘルパーが主人公のお話があります。冷静に制度を分析し問題を解決する力と、熱い心が重なることで、お年寄りの厳しい表情がふーと優しい笑顔になるのです。療育や相談支援の仕事にも通じます。「冷たい頭と熱い心」を実践したいものです。

学校で今タブレット学習が進んでいます。先生の顔より、タブレットを見ている時間の方が長いのでは？　と感じてしまうことがあります。「できた」ことにタブレットが花丸をつけてくれますが、子どもの心にどう残っているのかと思ってしまいます。パーチェの子どもたちは大人やお友達に「認められたい」「よろこんでもらいたい」「一緒に楽しんで欲しい」と願っています。それは言葉がある子も、まだ言葉としては十分表現できない子も、表情や指先、身体の動きなどで訴えています。大人やお友達に気持ちを寄せたいがために、わざと困ることをしてしまうこともあります。それを保育士や教師がどう受けとめるか、保護者にどう伝えるか、保育・療育・教育が問われます。私たちは子どもが思いを相手に伝えることを大事にしたいと思っています。

では、大人はどうでしょう。

福祉労働は貧しいのが当たり前。安上がりの福祉・教育の中で、個人個人が必死で向かい疲れている……置かれている状況に嘆いているけれど、あきらめの気持ちになっていく。こんな楽しく、やりがいがある仕事なのに、教育も保育・療育もずっと人手不足。

大人が声を出すことをあきらめ、本来は手をつなぐべき人と対立したり、生き残りをかけて競争する未来は、もしかしたら福祉や教育を安上がりにしておきたい「誰か」が望んでいる方向なのかもしれないなあと思ったりします。

歴史は人がつながることで、少しずつでも変えられるその事実を、この20年史からお伝えできたらと願っています。

最後に、「私たちの法人で療育をやろう」と声を出してくださったのが、当時の洛西保育園正木宏園長先生はじめ、白い鳩保育園小山逸子園長先生、あらぐさ保育園菱木キヨ子園長先生たちです。開設にあたってパーチェ（平和）と名付けていただいた井上吉郎氏、パーチェの療育方針の基礎をつくり、今も支えてくださっているのが、らく相談室（現ＮＰＯ法人福祉広場）の池添素先生、右京病院・民医連中央病院の小児科、発達相談の先生方です。

この本の原稿はライターの小國文男さんにインタビュー、取材、資料整理も含め担っていただきました。クリエイツかもがわの田島英二さん、伊藤愛さんにご意見をいただきながら支えていただきました。それぞれ深くお礼を申し上げます。

初代パーチェ施設長　田村一美

資料

年	月・日	パーチェの出来事	情勢（国・京都市）
2000			社会福祉基礎構造改革（1990年代後半からすすめられてきた）により、「社会福祉事業法」から「社会福祉法」に法律が改められた。
2001			WHOが2001年に国際障害分類：ICDHから、国際生活機能分類：ICFに改定。医療モデルから生活モデルへの大きな転換がはかられ、障害のある人の社会参加を促進するための視点が重視、環境要因や参加と活動の支援があらたな視点として加わっている。
2003	3		イラク戦争勃発
	4・1		支援費制度が始まる。通園施設を含む障害児の施設は措置のまま。これまで行政が「行政処分」として障害者サービスを決定してきた「措置制度」を改め、障害者がサービスを選択し、サービス利用者とサービスを提供する施設・事業者との対等の関係に立って、契約に基づきサービスを利用するという新たな制度。児童デイサービスだけが時間ごとの単価ではなく、規模別の単価になった。
	5・1	児童デイサービスパーチェ開設。職員2名+ボランティア、らく相談室にて。子どもが戦争のない平和な世界で暮らせるようにとパーチェ（イタリア語で平和）と命名。	799単位 保護者の利用料は200円／1回

	7・1	パーチェを支える会発足	
	12	パーチェの広場開始。京都市立教業小学校跡地にて。1歳半健診後、療育につながるまでのフォローとして月1回実施。	
2004	8・29	新園竣工式	
	9・1	児童デイサービス第二パーチェ開設。正規職員増	
	10・12		「今後の障害者保健福祉施策について（改革のグランドデザイン案）」厚生労働省障害保健福祉部としての試案。障害者自立支援法へとつながる。
	11	パーチェ親の会発足	
	11・23	第二パーチェ開設記念講演会（講師：白石正久氏）	
2005	7	屋上にプール設置（パーチェを支える会より寄贈）	
	7・24	パーチェを支える会　平和盆踊り出店（以降毎年出店）	
	10・16	パーチェを支える会　健康祭り出店（以降毎年出店）	
2006	4・1		障害者自立支援法施行 利用者定率負担になるが京都市の並行通園はこれまで通り200円／1回

2006	10	児童デイサービスの再定義が行われる。 「療育を必要とする児童」については児童デイサービス、「放課後支援・レスパイト目的」は地域生活支援事業、タイムケア事業へ。企業やＮＰＯなどが立ち上げやすくなり、さまざまな事業ができた。「療育型」「預かり型」という呼び方も。 児童デイサービスⅠ（754単位）、児童デイサービスⅡ（473単位） 407、どちらも10名定員の場合 就学児が3割を超えるとⅡ型、パーチェはⅠ型 ・サービス管理責任者の設置 ・各種加算（家庭連携加算：1時間187単位、1時間を超える場合280単位／訪問支援特別加算／利用者負担上限額管理加算） 児童福祉施設や児童デイサービスの利用料が1割負担になり、パーチェの利用者のうち7割の方が利用料が上がる。 京都市は利用料の上限を設ける。
2007	4	京都市がさらなる独自軽減を行い、全所得階層において現行の2分の1に引き下げられる。市民税非課税世帯は0円の設定。 通園施設に対しては日払い制度による激変緩和措置として90％保障。児童デイサービスには適応されず。
	10	介護給付の申請が国民保険団体連合会になる。
	10・6	「障害者自立支援法に異議あり、応益負担反対」実行委員が街頭宣伝とリレートークを行い約700人が参加。 パーチェの保護者もリレートークで発言、関係者60名が参加。

年	月・日		
	10・21	東京での集会にパーチェの保護者参加、発言。	
	11・23	パーチェを支える会　発達の学習会（講師：両角正子氏）	
	12・26		廃止要求の高まりや、違憲訴訟が数々なされた。政府からの申し出で、原告団・弁護団と国、厚生労働省とが和解し、交わしたのが「基本合意」。 厚生労働省主管課長会議にて、自立支援法の見直し案が提案される。 利用者負担軽減の対象が、年収の600万円未満から890万円未満に変更。 通園施設の単価改訂（4%）引き下げ。 定員のさらなる緩和（登録人数は定員の120%から150%へ、実際の利用実績は過去3か月平均で定員の110%から125%まで受け入れ可）。
2008	3		「障害児支援の見直しに関する検討会」法改正議論開始。座長柏女霊峰氏（新システムの委員を兼任）
	5	中部圏域　自立支援協議会運営会議参加	中部圏域自立支援協議会運営会議発足
	11	パーチェを支える会　発達の学習会（講師：白石正久氏）	
2009	4	パーチェを支える会解散 以降、健康まつり、平和盆踊りはパーチェとして参加。	報酬改定（障害福祉サービスの報酬改定が3年に一度行われる） 福祉専門職員配置等加算（Ⅱ）6単位 欠席時対応加算94単位（1か月につき4回まで） 児童デイサービス費（Ⅰ）745単位→828単位　10名定員
2010	1		第1回中部圏域児童専門部会

	4	中京区の親子すこやか教室へ職員派遣。	京都市より運営補助金が出る。1施設当たり400万円／年 親子すこやか教室（1歳半健診後の親子教室）が各行政区で実施されるようになる。 経過として、健診後の「療育相談」に加え、よりていねいな療育施策が事業化されたのは1991年「幼児健全発達支援相談事業」が最初。それまでにも各自治体でされていたが、「経過観察のための事業」として補助事業として位置づけられた。2011年、育児等健康支援事業「子育て支援交付金」に移行。この中に親子教室の基盤になるものや、1歳半健診後の悩みや不安に対する相談機能の充実と、早期発見等の観点が目的とされていた。（参考：障害者問題研究会VOL39 №3）
	10		「障害者等の地域生活を支援するための関係法律の整備に関する法律」（通称：障害者自立支援法改正案）が成立し、発達障害も対象であると明記される。 障害者自立支援法・児童福祉法の一部改正が行われ、障害児療育の制度は、児童福祉法に移行することになる。 しかし、「利用契約制」「応益負担制」「報酬の日額払い制」という根本は改定されることがなかった。
2012	4	パーチェの広場終了	伏見区に第二児童福祉センターが開設される。 診療部門の空き部屋は京都総合福祉協会に委託される。
	6・20		障害者総合支援法を可決・成立。 改正児童福祉法、障害児支援は児童福祉法に。 相談支援体系の見直し、障害児相談支援創設。

			報酬改定 障害児支援については障害種別の一元化。障害児通所支援は「児童発達支援」「医療型児童発達支援」「放課後等デイサービス」「保育所等訪問支援」の４種類に、障害児入所支援については「福祉型障害児入所施設」「医療型障害児入所施設」の二つに再編。 基本報酬６３２単位、児童発達支援管理責任者加算２０５単位、福祉専門職配置加算６単位、指導員加配加算１９３単位、処遇改善加算、欠席時対応加算、家庭連携加算。 相談支援の充実と支給決定プロセスの見直し。
	7		京都市自立支援協議会児童部会 京都市の補助金が半額になる。職員、保護者が京都市に署名を提出し、補助金の存続を訴える。
	10		全国発達支援通園事業連絡協議会全国大会京都開催
２０１３	4		京都市から補助金が打ち切られる。 児童発達支援センター、平成25年度より「9割補償」（旧児童デイサービス以外の施設が対象となっていた、日額給付で欠席児が多いと事業運営が成り立たなくなるため、本来の事業収入の9割までを補償する制度）が廃止。
	7	京都コムファより下京区に新規開設の提案。開設準備が始まる。	
	9	中京区発達支援ネットワーク準備会参加	中京区発達支援ネットワーク準備会立ち上げ。
	11		障害者権利条約が11月19日衆議院本会議、12月４日参議院本会議で批准が承認、締結される。２０１４年1月20日、日本が受け入れ。

2014	7		中京区発達支援ネットワーク第1回会議 障害児支援のあり方に関する検討会報告書
	9・28	パーチェ梅小路開所式「京都市の子どもたちの発達を守る砦となるように」あいさつ	
	10	パーチェ梅小路開所	
2015	4		報酬改定 児童指導員加配加算12単位、指導員加配加算（有資格者を配置している場合）195単位、事業所内相談支援加算35単位（1回）関係機関連携加算Ⅰ、Ⅱ（200単位）開所時間減算の見直し 「子ども・子育て支援新制度」 放課後等デイサービスのガイドライン策定
	6	児童相談支援パーチェ　開所	
	11	児童相談支援職員増員	
2016	7		「我が事・丸ごと」地域共生社会実現本部を立ち上げる。『みんなのねがい』2017年1月）
	12		京都市内の児童発達支援の施設長会議「（通称）京都方式」の崩壊が明らかになる。京都市の調整機能が失われた。 3施設合築の方針が明らかになる（児童福祉センター、リハビリテーションセンター、こころの健康増進センター）。
2017	1		「社会保障審議会・障害者部会」にて「放課後等デイサービスの見直し」職員配置の条件厳格化。

	3		国の指針文書　保育所保育指針が改定2018年4月から新指針に。改定では、「保育所保育における幼児教育の積極的な位置づけ」が強調され「幼児期の終わりまでに育ってほしい姿」等が記された。乳幼児期は小学校の準備期間？と思われるような内容。
	4		「子ども若者はぐくみ局」創設（京都市）
	7		児童発達支援ガイドライン策定
2018		全国障害者問題研究会50周年記念　療育実践報告	報酬改定 児童発達支援の報酬区分の見直し。前年度の利用者人数で未就学児の割合に応じて区分を設定。パーチェ10人未満、職員2人。830→827単位。10名以上21名以下は559→557。児童発達支援管理責任者専任加算は基本報酬に組み込まれたため実質大きく下がった。児童指導員等加配加算Ⅰ、Ⅱで4人目まで評価。福祉専門職員配置等加算Ⅲ。欠席時対応加算、家庭連携加算、事業所内相談支援加算、関係機関連携加算Ⅰ、関係機関連携加算Ⅱなど。家族支援や関係機関との連携を評価など加算が増えた。加算が増えると保護者負担増える。 相談支援事業でも初回加算が変更、医療・保育・教育機関等連携加算（新設）、サービス提供時モニタリング加算（新設）など関係機関との連携を評価する。モニタリングで支援を振り返りより質を確保、収入面を強化。これは全国的に相談支援が進んでいない背景がある。
2019	2・8	社会福祉法人保健福祉の会／創立20周年記念講演「優生思想と対峙するために大切なこと」（NPO法人日本障害者協議会代表／きょうされん専務理事藤井克徳氏）	

10	3歳児以上の「保育の無償化」、3歳児から給食費は外だし。 児童発達支援の利用料も3歳児以上が無償に。0歳児から2歳児は利用料がかかる。早期発見早期療育には支障。
2021　4	京都市の財政破綻が浮き彫りに。 報酬改定 児童指導員等加配加算Ⅱが廃止、名前を変えて専門的支援加算が新設（指導員等加配加算の基準を満たし、さらに1名（5年以上勤務の保育士）以上配置している）。187単位で下がる。全体では新設加算の適用度合いで変わる。 事業所内相談支援加算Ⅰ（個別）、事業所内相談支援加算Ⅱ（グループ）新設。保護者支援を手厚くするよう。訪問支援特別加算廃止。 個別サポート加算Ⅰ、いわゆる障害程度区分のようなもの導入。個別サポート加算Ⅱ新設。要保護児童に対する支援に評価↓使えない問題。この問題は、個別給付、利用契約があると解決しない。
9	「医療的ケア児及びその家族に対する支援に関する法律」（医療的ケア児支援法）の施行。
2022	京都市利用料上限変更 日数制限撤廃検討 京都市行財政改革による保育園の補助金大幅削減
2024　4	報酬改定 基本報酬の支援時間による区分が設定される（30分～1時間30分以下901単位・1時間30分超～3時間以下928単位他）。 個別サポート加算Ⅰの対象者が変更になり、パーチェではほとんどが対象者から外れる。

	専門的支援加算が専門的体制加算に名称変更、単価が123単位に下がる。子育てサポート加算（月4回80単位）と専門的支援実地加算（月4回150単位）が新設される。 家庭連携加算（280単位）と事業所内相談支援加算（200単位）の廃止。家族支援加算（300単位他）と関係機関連携加算（250単位他）で保護者支援に対する加算が整理された。 個別支援計画を5領域（「健康・生活」「運動・感覚」「認知・行動」「言語・コミュニケーション」「人間関係・社会性」）とのつながりを明確化し提供することとされた。
5	こどもの発達と子育てを支える療育ネットワーク発足
7	児童発達支援ガイドライン改定

社会福祉法人保健福祉の会パーチェ
〒604-8471　京都市中京区西ノ京中御門東町51-3
e-mail：pace0001@hoken-fukushi.jp

親子で出会えてよかったと思える療育をめざして

パーチェ20年のあゆみ

2025年 3 月 31 日　初版発行

著　者　社会福祉法人保健福祉の会パーチェ
発行者　田島英二
発行所　株式会社 クリエイツかもがわ
〒601-8382
京都市南区吉祥院石原上川原町21
電話 075（661）5741　FAX 075（693）6605
https://www.creates-k.co.jp
郵便振替　00990-7-150584

編集協力　小國文男
装　　丁　菅田　亮
イラスト　ホンマヨウヘイ
印　　刷　モリモト印刷株式会社

ISBN978-4-86342-387-9 C0036